小学校 全教科の 授業開き 大事典

『授業力＆学級経営力』
編集部編

高学年

明治図書

もくじ
CONTENTS

特別寄稿 **達人教師の授業開き**
共にきまり発見を楽しむことで,
子どものすごさが見えてくる ………………………………… 7
筑波大学附属小学校副校長　田中博史

第1章

そのまま使える！
全教科の授業開きネタ

5年

国語　2つの俳句, どちらが「しずか」な感じがするかな？ ………… 12
言葉のとびらを開こう！ ……………………………………… 16

算数　「イミ・イイ・ナ」の呪文をかけてわり算すると… ………… 20
どうして一瞬で計算できるのかな？ ……………………… 24

理科　生物の特徴を考えよう！ ………………………………… 28

社会　日本はどこまで？　日本はどこにある？ ………………… 32
都道府県名のクイズに挑戦し地図をかこう！ ………… 36

音楽　「ケチャ」に挑戦しよう！ ………………………………… 40

図画工作　切ってつなごう！　ぐんぐんぐん！ ………………… 44

家庭　なんで家庭科をやらなきゃいけないの？ ………………… 48

| 体 育 | チームで力を合わせてソフトバレーボールをしよう！ | 52 |

| 外国語 | Number で楽しもう！ | 56 |
| | 協力して体を使い，文字の形に親しもう！ | 60 |

| 道 徳 | 道徳はどんな勉強の時間か，みんなで考えよう！ | 64 |

❻年

| 国 語 | 表現を工夫しながらグループで連詩をつくろう！ | 68 |
| | 「とってちってた」って何？ | 72 |

| 算 数 | 「学級の心」が入った宝箱はどれ？ | 76 |
| | 「あたりの条件」を考えよう！ | 80 |

| 理 科 | 身近な金属を見つけよう！ | 84 |

| 社 会 | 地球の歴史の中で人類の歴史はどれぐらい？ | 88 |
| | 日本の歴史の長さは0.15㎜!? | 92 |

| 音 楽 | 音符の名前や記号の意味を覚えよう！ | 96 |

| 図画工作 | ミラクルレンズで春の光を楽しもう！ | 100 |

| 家 庭 | 模擬家族で，家庭での自分のあり方を考えよう！ | 104 |

| 体 育 | ペアで見合い，伝え合い，マット運動を上手になろう！ | 108 |

| 外国語 | ソフトボールが好きなのはだれかな？ | 112 |
| | 班対抗で「他己紹介」クイズをしよう！ | 116 |

| 道 徳 | 物事を多面的・多角的に考えてみよう！ | 120 |

第2章

必ず盛り上がる！
はじめての授業参観ネタ

| 国 語 | 登場人物の心情を俳句や短歌で表現しよう！【5年】 | 124 |
| | 俳句コンクールの審査員をしよう！【6年】 | 126 |

| 算 数 | ぶたさんは何匹いるでしょう？【5年】 | 128 |
| | 友だちが紹介する問題にチャレンジしよう！【6年】 | 130 |

| 理 科 | 楽しんで，問題解決の流れを身につけよう！【6年】 | 132 |

| 社 会 | 広告チラシを基に食料生産に目を向けよう！【5年】 | 134 |
| | 邪馬台国を探そう！【6年】 | 136 |

| 外国語 | あなたの好きな食べ物はすいかですよね！【5年】 | 138 |
| | お互いのよいところを英語でほめ合おう！【6年】 | 140 |

特別寄稿

達人教師の授業開き

田中 博史
たなか　ひろし

山口県公立小学校教諭を経て，筑波大学附属小学校副校長（算数部）。全国算数授業研究会会長。『子どもが変わる授業―算数の先生が教える授業づくりの秘訣』（東洋館出版社）他著書多数。

共にきまり発見を楽しむことで，
子どものすごさが見えてくる

筑波大学附属小学校副校長
田中 博史

　私が海外の飛び込み授業でもよく行っている折り紙の算数。教材自体は20年以上前に紹介し，その後教科書などでも取り上げたものです。

　この授業のポイントは，**不安なこと，確かめたいことを自然につぶやける子どもが育つ場面を意識して展開する**ことです。

　まず，正方形の折り紙を対角線で直角三角形になるよう二つ折りにします。

それを，もう一度同じように折ります。

この折り紙の45度の部分を下の図のように切ります。

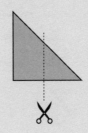

　さて，これを切り開いたらどのような形になっているだろうか，という簡単な問題です。

　子どもたちにも折り紙とはさみを用意して，いざ切ろうとすると，必ず教室内がザワザワし始めます。子どもは，不安なことが起きたら必ず隣や前後の友だちと確かめ合いたくなるからです。
　そこで，その子たちを見つけて，
　「どうしたの？」
と尋ねます。すると，
　「えっ，いや…」
という不安げな反応。付け加えて，
　「どっちを切るの？」
という質問。
　こんな質問ができた子がいたらこれをほめます。

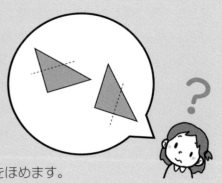

不確かなことが起きたときは，こうして友だちに確かめようとしたり，先生に尋ねたりするのがよいのだということを伝えるわけです。

　この場面，確かに先の私の説明ではどちらかわかりません。そこで，
「そうだったね。こっちはバラバラになって，こっちは閉じているもんね。でも，よく見ると形は同じだから，どちらを切っても同じじゃないの？」
と揺さぶります。

　すると，多くの子どもが
「いや，切るところによって形が異なる！」
と言い出します。

　これで子どもたちに確かめたいことが生まれました。これが授業における子どもたちの**「めあて」**です。

　そこで，2人組になり，それぞれが切る場所を変えて実験します。
　どうなるでしょう。
　ちなみに読者の先生方はどう考えますか？　実は…

　そうです，同じになるんです。これは子どもたちにとっても意外。
「どうして同じになっちゃうの!?」
と何度も折り目を広げたり閉じたりして確かめようとする子が出てきます。これまた大いにほめてあげましょう。探究心が芽生えるきっかけになります。
　そして，もしも理由を説明できそうだったら聞いてあげましょう。これは学年にもよりますが，**高学年の子どもだったら，演繹的に説明し始めるかもしれません。**

　さて，続いて同じように折っていき，折る回数を1回増やします。つまり，先ほど2回折ったけど，3回折って同じように切ってみることを提案するわけです。
　ここでもまた，

特別寄稿　達人教師の授業開き　　9

「どちらを切るの？」
と質問する子が必ずいます。またまた私が，
　「どちらでも一緒なんじゃないの」
と告げると，今度は意見が２つに分かれました。
　「さっき同じだったからやっぱり同じかな」
　「いや，今度こそ違うんじゃない」
　さてさて，どうなるでしょう…。またまた実験する課題ができました。
　やってみると…

　そうです。今度は違うのです。
　教室中に「えーっ！」という声が広がります。子どもにとって，不思議な
ことが連続して起きました。
　さあ，この後，子どもたちは何をしたいと言うでしょう。
　「先生，４回折りを試していい？」
という声が上がったら，大袈裟にほめてあげましょう。
　**教師の先を歩もうとするこのような子どもの姿を他の子にも意識させ，自
分から前を歩いていく子がすばらしいと思うと伝える**のです。つまり，学び
に向かう姿勢に関しての教師の価値観を伝えるよい時間となるのです。この
後は，しばらく自由に実験させてみるのもいいでしょう。
　実は，子どもの実験したもののうち，袋とじの方を切っていったものだけ
を並べてみると，またまたおもしろいきまりが見つかります。もちろん，袋
とじではない方も同様のきまりはあるのですが，見つけにくいので，まずは
袋とじの方から整理してみます。

…この続きは子どもたちとやってみて，共にきまり発見を楽しんでください。
　大切なのは，課題を自らつくって探究していこうとする姿そのもの。
　時には教師が答えを知らなくてもいい。
　本当に共に考えてみると，子どものすごさがわかるはずです。

第1章

そのまま使える！
全教科の授業開きネタ

2つの俳句，どちらが「しずか」な感じがするかな？

授業の概要

　俳句の比べ読みを通して，優れた叙述を味わう授業です。
　松尾芭蕉の「古池や　蛙飛びこむ　水の音」と「閑さや　岩にしみ入る　蝉の声」の2つの俳句を示し，どちらが「しずか」な感じがするか，各自の立場を決めます。このとき，教師から「しずか」の意味の説明をします。この後，それぞれの俳句を暗記するまでしっかり音読し，書かれている言葉を頭の中に入れます。次に，自分が俳句の語り手になったとして，それぞれの俳句で「見えるもの」「聞こえるもの」は何か見つけていき，俳句で描かれている様子を徐々に鮮明にしていきます。そして，改めてどちらの俳句が「しずか」な感じがするか，自分の立場を決めて，その根拠と理由をノートに書きます。ノートに書けたら，それぞれの立場から説明し合います。
　相手を説得する意欲がわき，ほぼ初対面の子ども同士でも盛り上がります。

授業の課題

> 次の松尾芭蕉の俳句は，どちらが「しずか」な感じがするだろう。
>
> A　古池や　蛙飛びこむ　水の音
> B　閑さや　岩にしみ入る　蝉の声

授業のねらい

2つの俳句を，見えるもの，聞こえるものに着目して比較することで，それぞれの俳句で描かれている様子をよりはっきりと想像できるようにする。

 授業展開

❶着目すべき点を検討する

　AとBを板書して視写させた後，「どちらの方が『しずか』な感じがしますか？」と尋ねます。意見が2つに分かれますが，ここで「しずか」がもつ2通りの意味「音がしない状態」「落ち着いている状態」を示します。そして，俳句を暗記するまで声に出して読んだら，着目すべき点を検討します。

T　どんな見方を使えば，俳句の様子が思い浮かびますか？
C　五感かな…。
T　五感の中でも何を使ったらよいでしょう？
C　「古池」とあるから「見る」かな。
C　蝉の「声」とあるから「聞く」かな。
T　では，2つの俳句から「見えるもの」「聞こえるもの」を探し，どちらの俳句がより「しずか」な感じがするか比べてみましょう。

俳句を読み取るために着目すべき点をはっきりさせる。

5年 ❷それぞれの俳句で見えるもの，聞こえるものを具体化する

　まず，Aの俳句で見えるもの，聞こえるものをノートに書き出して，発表，検討し，その後Bで同様のことを行います。

T　Aで芭蕉が見ているのは何だろう？
C　「古池」です。
C　「蛙」です。
C　え〜蛙は見えていないんじゃない？
T　なぜ見えていないと思うの？
C　「蛙飛びこむ」とあるから，さっきまで蛙はいたけど，今は古池に飛び込んじゃって見えていない。

まずは自分でしっかり考えます

T　では，Aの俳句で芭蕉に聞こえているものは何でしょう？
C　蛙が古池に飛び込んだときの「水の音」です。
T　何匹くらい蛙がいたのかな？
C　1匹だけ。
T　なぜ1匹だけだと思うの？
C　何匹も飛び込んだ音がしたら，静かな感じがなくなっちゃうからです。
T　水の音はどんな感じだったのかな？
C　「チャポン」っていう感じだと思います。理由は…

> **POINT**
> 　見えるもの，聞こえるものの数や様子，そう考えた理由を語らせ，イメージをどんどん具体化させる。

❸どちらが「しずか」な感じがするか話し合う

　「私はA or Bの方が『しずか』な感じがします。（理由は）…からです」

という型で考えをノートに書き，それぞれの立場から考えを出し合います。

C 私は，Aの方が「しずか」な感じがします。Aの方は小さな蛙1匹が水に飛び込むくらいなので，小さい音がする感じだけど，Bの方は岩にしみ込んでいくくらいたくさんの蝉の声が聞こえているからです。
T なるほど，音の量で比べたんだね。
C 僕は，落ち着いた感じがするという理由で，Bの方が「しずか」な感じがします。海の波の音や秋の虫の声を聞いていると落ち着いた気持ちになるけれど，それと同じで，蝉の声をずっと聞いていると落ち着いた気持ちになってきます。
T 今の意見は何を基にしたと思いますか？
C 音の種類かな。

判断の根拠をきちんと説明させるようにする。

❹本時の振り返りをする

わかったことと，どのようにしてわかったのかを振り返り，価値付けをします。

T 今日の授業でわかったことは何ですか？
C 2つの俳句で表現されている様子がはっきりわかりました。
T どうやったらわかりましたか？
C 見えるもの，聞こえるものに目をつけて俳句を比べたらわかりました。
T 2つのものを比べてみると，それぞれの様子がよくわかりますね。俳句を読むとき，これからも五感を使ってみるといいですね。

（小林　康宏）

5年

言葉のとびらを開こう！

授業の概要

　子どもたちの「主体的・対話的な学び」を実現するためには，子どもが自分の考えを進んで表出したり，仲間の考えを受け止めようとしたりすることができる，安心感のある学級の風土が欠かせません。そこで，国語の授業開きで，子どもたちに「話す・聞く」ことに心を開く体験をさせます。ここでは，教科書巻頭の詩を題材とした授業例を紹介しますが，教師の思い入れのある詩を提示するのもよいでしょう。

　授業は，音読→意見交流→暗唱という流れで展開します。

　最初の音読で，学級全員で声を出し，心の開放を目指します。そして，詩に書かれていることから思ったことや考えたことを自由に発表し合うことで，意見を表出することへの安心感をもたせます。最後に，暗唱することを通して，達成感を味わうことができるようにします。

　「声を出すって気持ちいい」「意見を交わすって，国語の授業って楽しい」と，今後の授業への希望を抱くことができるような1時間を目指しましょう。

授業の課題

「銀河」※を読んで，思ったこと，考えたことを交流しよう。

※光村図書国語教科書5年の扉に掲載されている詩

授業のねらい

読んだ詩について交流することを通して,思ったことや考えたことを安心して伝え合うことのできる学級の風土づくりをする。

 授業展開

❶詩を音読して味わう

　まず,黒板に詩を書き,ノートに視写させます。全体で音読したり,ペアで交代で音読したりした後,全体の場で挙手により希望者が音読をします。

T　全員やペアで音読の練習をしました。では,ここでみんなを代表してだれかに読んでもらいたいと思います。読みたい人?
C　はい!
　（挙手する子どもが数名）
T　最初に手があがるってすばらしいなぁ。では,○○さん。
C　はい。あの遠い空に…。
　（詩の全文を音読する）
T　ありがとうございました。みんなの前で声を出す力は,発表することによってしか成長しないんだ。○○さんは,貴重な経験ができたね。では,他に読みたい人?!
C　はい!
　（先ほどよりも多くの子どもが挙手）
T　うれしいなぁ。成長したいという気持ちが強い人がこんなにいるんだね。
　（読み手や聞き手の学びに向かう姿勢をほめ,強化していく）

❷詩について思ったこと，考えたことを交流する

　思ったこと，考えたことを，どんなことでもよいので交流していきます。ねらいは，内容理解の深まりではなくて，あくまで思いや考えを表出することの抵抗感を減らすことにあります。

T　では，この詩「銀河」を読んで，思ったことや考えたことを交流していきます。手をあげなくてもいいから，何でも自由に言ってみて。

C　なんか，かっこいい。

T　なるほど。
　　（「かっこいい」と，板書してある詩にメモを加える）

C　「遠い空にひとすじ」だから，天の川のことじゃないかな？

T　ある言葉から思いつくものを考えていけばいいんだ。
　　（黒板にメモ）

POINT

全体で時間をとって考えさせる前に，子どもがどう考えていけばよいのかわかるように，ヒントとなる意見を取り上げ，考え方を示す。

T　では，黒板のように，思いついたこと，考えたことをノートに書いてみましょう。

C　（自分のノートに書いた詩にメモを加えていく）

T　5個はメモできるようにしよう。では，困っている人もいるので，立って友だちと相談しながらメモを増やしていきましょう。

C　（教室を立ち歩いてメモを増やす）

T　座ってください。では，この詩からどんなことを思いついたり考えたりしたのか交流していきます。言える人？

C　「河のように光っている」と書いてあるから，天の川だと思った。

C　「銀河」っていうと，渦巻きみたいなイメージがあるから，ここで書か

れているのは違うんだなと思った。
C　「星たちが，ぶつかり合い，重なり合い」というところは，自分たちのこととつながる気がする。
T　なるほど，みんなはどう思う？　出てきた意見に対して新たに思いついたことを言ってもいいですよ。

発表し合うだけでなく，出された意見に対して思ったこと，考えたことを出し合うことで，理解を深めていくことを促す。

C　「みんなで意見を出し合い，ぶつかり合って，重なり合って勉強していこう」ってことを伝えたいのかな？
C　そうすると，「乳の道」ってところは「学びの道」と言い換えられる？
C　「どっちもいい名前」ってあるけど，ぼくは「銀河」の方がいい。
T　なるほど，みんなで意見を言い合うと，１つの詩からいろいろなイメージが広がってきましたね。みんなで思ったことや考えたことを出し合うのはおもしろいなって思ったよ。

❸詩を暗唱する

　意見交流によって広がったイメージを音声表現によって味わい，今日の授業で何かを成し遂げたという達成感をもたせるために，最後に詩を暗唱する活動に取り組みます。

T　では，最後にこの詩について思ったことや考えたことをイメージしながら暗唱してみましょう。
　　（板書した詩を少しずつ消したり，個人練習をしたりしながら暗唱）
T　では最後に，暗唱できたかペアで聞き合ってみましょう。

　　　　　　　　　　　　　　　　　　　　　　　　　（山本　真司）

算 数

5年

「イミ・イイ・ナ」の呪文をかけて わり算すると…

 授業の概要

　子どもたち一人ひとりが自分で数を決め，電卓を使って計算をします。バラバラになるはずの結果の意外な共通性から帰納的な思考や演繹的な思考を引き出し，算数の不思議さやおもしろさを味わうことができる活動です。

　3桁の数，例えば123。この数を2回繰り返すと，6桁の数123123ができます。この数に，演出として「イミ・イイ・ナ」と呪文をかけ，13（イミ），11（イイ），7（ナ）でわっていきます。すると，その商は最初の数123に。どんな3桁の数でも，同じ結果になるのです。

　授業のポイントは，偶然と思われる不思議な計算結果をきっかけにきまりの予感をもたせ，帰納的な思考を引き出して学級全員が同じ計算結果になることを検証していく点です。そして，13×11×7＝1001となることや既習の計算のきまりを活用しながら，演繹的にこの不思議な計算の種明かしに挑戦することもできます。また，子どもがつくった数の一つひとつがきまりの発見に貢献するというのは，学級づくりのスタートとして意義深いものです。

 授業の課題

　3桁の数をつくります。その数を2回繰り返して6桁の数にします。その数に「イミ・イイ・ナ」の呪文をかけ，わっていきましょう。

授業のねらい

6桁の規則的に並ぶ数のわり算について,計算結果から帰納的にきまりを見いだし,そのきまりを演繹的に説明できるようにする。

 授業展開

❶1人の計算結果をきっかけに,きまりの予感をもつ

授業では,より多くの計算をしながらデータを集めたり,検証したりすることができるように,電卓を使います。また,子どもたちが決めた6桁の数を書いたり,黒板に貼ったりすることができるように,画用紙でカードをたくさん作っておきます。

まず,活動の仕方を全体で確認するために,1人の子に3桁の数(例123)を決めてもらい,6桁の数(123123)にします。そして,意味ありげに「イミ・イイ・ナ」と呪文を唱え,その6桁の数を「÷13」「÷11」,「÷7」と電卓で計算させていきます。

T 計算の結果,商はいくつになりましたか?
C 123…。
C A君が言った,最初の3桁の数と同じだ。
T たまたまだろうけど,すごいね。では,別のだれかにも,3桁の数を決めてもらおうかな。
  (子どもたちをいなしながら,次のような言葉が出るまで続けます)
C 先生,いつもそうなるんじゃない?
T えっ,「いつもそうなる」ってどういうこと?

❷商のきまりの予感を全員で検証する

　いくつかの計算の共通性からきまりの予感をもった子どもたちを精一杯ほめ，それを学級全体で確認します。学級の中には，別の3桁の数をつくって自ら検証を始めようとする子がいるかもしれません。さらに，ほめたい子どもの姿です。ここでは，教師は「たまたまだよ」「偶然でしょう」というスタンスで構え，「どんな数でもきまりが成り立つことを証明したい」という子どもの意識を引き出すことが大切です。

T　なるほど。確かに123123や534534では，どちらも「イミ・イイ・ナ」の13，11，7でわると，商が元の3桁の数になったね。でも，2つの数が偶然そうなる数だったんだよ。
C　もっと別の数で試してみたらいいよ。
T　その試してやってみた数も，たまたまかもしれないよ。
C　だったら，全員がバラバラの数で試したらいいんじゃない？
T　全員で30人だから30種類の数を試すのか。それは，いい考えだね。よし，やってみよう。（カードを配布し，自分の数を決めさせる）

学級全員が別々の3桁の数をつくり，商を検討していく。

　検証し終えた子どもから，その数カードを黒板に貼らせます。全員で検証したことを視覚化するとともに，同じ数の検証ができるだけ出ないようにするためです。検証を終えた子の中には，さらに別の数で検証しようとする子がいます。しっかりと把握し，後でタイミングよく評価しましょう。

T　みんなで検証したら，こんなにたくさんの数が集まったね。
C　どの6桁の数も「イミ・イイ・ナ」でわり算したら元の3桁の数でした。
C　でも，なぜそうなるの…？

❸計算きまりが成り立つ理由を考える

　「なぜそうなるの？」は，すばらしい数学的問いです。大いに評価するとともに，この問いを学級全体に広げます。

　13，11，7でわるとは，つまり1001（13×11×7）でわることです。
123123÷1001＝123
「計算の確かめ」の考えを使うとわかりやすいです。
123×1001＝123123
1001倍は，1000倍＋1倍です。
$$123×1001＝123×1000＋123×1$$
$$＝123000＋123$$
$$＝123123$$
　つまり，どんな3桁の数も1001倍することで，その3桁を順番に繰り返した6桁の数になるのです。

　学級の実態にもよりますが，演繹的な説明を子どもから引き出すことは大変難しいので，教師がリードするとよいでしょう。ここで大切なことは，帰納的に見いだしたきまりは演繹的に説明することができる，その実体験です。

POINT

> 　1001という数と「計算の確かめ」に着目させ，自分の決めた数はもちろん，どんな数でもきまりが成り立つことに気づかせる。

　この授業は，子どもたち一人ひとりが自分で数を決め，それを確かめ，その結果が学級全員で見いだしたきまりにつながる点，算数のおもしろさを味わうことができる点に価値があります。このように，子どもたちが今後の算数の学習の学び方に気づくとともに，学習への意欲を高めるような授業開きにしていきたいものです。

（高瀬　大輔）

どうして一瞬で計算できるのかな？

授業の概要

　短冊カードを子どもに2枚選ばせ，それを使って2桁のたし算の筆算をさせたとき，教師が瞬時に答えを当てるという算数手品を行います。この算数手品は，数の性質や法則をタネにしたもので，子ども自ら「どうして？」「なぜ？」と根拠を考えたり，「だったら…」と統合的・発展的に場面を広げたりする姿を引き出すことができ，授業開きにぴったりの教材です。

　授業のポイントは2つあります。1つめは学級の雰囲気が「どうして？」「なぜ？」となるまで何度も算数手品を披露することです。問いをもち始めた子をほめたり，考えを取り上げたりすると活気が生まれます。2つめは，試行錯誤する時間をしっかりとることです。黒板と同じ短冊カードを配布し，1人だけで向き合う時間をしっかり確保します。短冊カードを注意深く観察したり，自分で考えた手品のタネを検証したりする姿が自然と生まれ，根拠やひらめきにつながっていきます。

授業の課題

　4枚の数字が並んだ短冊カードがあります。
　この中から2枚選んで，たし算の筆算をつくり，答えを求めましょう。

3	0	5	7
6	0	4	2
1	0	2	3
1	0	1	1

授業のねらい

数字の短冊カードを使ったたし算の筆算の算数手品について，そのやり方や短冊カードの仕組みに気づかせ，それらを関連づけて考えることができるようにする。

 授業展開

❶先生の算数手品を見て，問いをもつ

まず，黒板に数字の短冊カードを4枚掲示します。次に，その中から2枚を選ばせ，たし算の筆算の形にしてもらいます。それを見て，教師は瞬時に答えを言い当てます。

C　先生，できました。
T　これは122ですね。筆算で計算してみて。
C　…合ってる！
C　あと1回やれば，どうやっているかわかるかも。

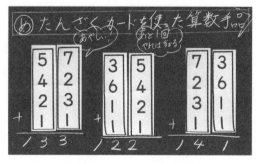

子どもが選んだ短冊カードの例

❷自分なりにそのやり方を考える

　子どもたちが「答えが一瞬でわかるのは何か秘密があるに違いない」という雰囲気になったら，黒板と同じ短冊カードを配布し，自力解決の時間をしっかりとります。自力解決の前に何か秘密に気がついた子たちに少しだけ発表させると，手がかりのない子の見通しとなります。

T　「きっとこうじゃないかな」と思ったことは発表してもらおうかな。ただし，10秒経ったら途中でも止めるよ。
C　99になるように組み合わせて計算していると思う。
C　答の百の位や短冊の一番下がどれも1なのが怪しい。
C　短冊の数字と答えに同じ数がある気がする。
T　「なるほど！」と思う考えがありました。これから配る黒板と同じ短冊カードを使って，秘密を探ってみましょう。

POINT

手元の短冊カードで試行錯誤できる時間をしっかり確保する。

C　ここで99ができるな。
C　短冊の数字4つをたすと，短冊の下2つの数と同じになる。
C　どうして0のカードがあるのかな？

短冊カードの秘密を探った例

❸手品のタネと短冊カードの仕組みを関連づける

　自分なりの考えをもつことができたら，学び合いの時間に切り替えます。筆算の下から2番目の数に，一番下の数を左に1桁ずらしてたすと，和を求められることに気がつく子が必ず出てきます。子どものつぶやきを生かして，手品のタネと短冊カードの仕組みが関連していることを理解させていきます。

C　筆算の下から2番目の数に，一番下の数を左に1桁ずらしてたすと，答えになる！
T　よく気がついたね！　他に何か気がついたことはあるかな？
C　これ以外の短冊カードでもできるのかな？
T　それについて，Aさんが言いたいことがあるよ。
C　今回は，短冊の数字4つをたすと，短冊の下2つの数と同じになるからできたけど，他のカードでは難しいかも…。
T　そうです！　この特別の短冊カードだからできた算数手品です。例えば，一の位の短冊カードが「7231」で十の位の短冊カードが「3611」だとすると，短冊カードの下2つの数字から，一の位の和は13，十の位の和は110ということがわかります。つまり，筆算の下から2番目の数に，一番下の数を左に1桁ずらしてたすことと同じですね。

POINT

手品のタネに気がついたら，それが成り立つ理由を理解させる。

（種市　芳丈）

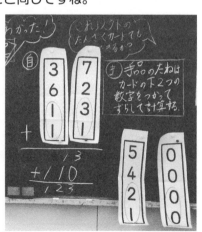

5年 生物の特徴を考えよう！

 授業の概要

　発芽や受精など，生物を学習する５年生。でも，「そもそも，生物とは何か」はわかっているでしょうか。

　このような「わかっていそうでわかっていないこと」を問題にして，子どもたちに知的な刺激を与えましょう。必要なものは，チョーク１本。

　みんなで知恵を出し合う楽しみを味わい，理科の授業に期待をもたせていきましょう。合わせて，授業のルールも教えていきます。

　授業は，生物の名前をたくさん書くところから始まります。植物を生物に入れて良いか，それはなぜかという話し合いで，目のつけどころがわかってきます。そして，科学者の生物観に触れるという授業です。

　「生物は動く」と考えている子が多いです。でも，そこから，「生物は食べて（活動や成長のために栄養を摂る），増える（子孫を残す）」に引き上げます。

　なお，ここで学習したことが，発芽条件を学習するときなどに生きます。発芽条件に水や空気が必要なのも，生きているからです。

 授業の課題

> 生物の名前をできるだけたくさん書こう。

授業のねらい

生物には共通の特徴があることが理解できるようにする。

 授業展開

❶生物の名前を書く

「理科の授業では，先生もがんばるけど，みんなも知恵を絞ってがんばろう」と言って，授業の課題を提示します。

ノートに課題を書き，自分の考えを書かせます。時間は5分。後で数を数えやすいように，「1行に3個」等と決めて書くことを伝えます。

ここは，一人ひとり，黙って書かせます。この間に，教師は机間巡視をしておき，子どもたちのノートの中身を把握しておきます。多くの子が，哺乳動物だけを書く傾向にあります。そんな中で，植物を入れた子を確実に覚えておきましょう。これが，この授業のカギになります。

時間が来たら作業を中断し，数を数えさせます。数があまり多くなくてもよく，授業の最後にたくさん書けることが大切だという話をしておきます。

次に，何を書いたのか，2〜3名に発表させます。まずは，哺乳動物だけを書いた子を指名します。聞くときには，発表者を向いて聞くように指導してから，発表させます。

C　パンダ，トラ，ライオン，シマウマ，マントヒヒ，ゴリラ…。
T　次に発表してもらう人は，ちょっと違った生物が入っているようです。
C　ライオン，クマ，マグロ，サーモン，ハマチ，イカ…。
C　寿司のネタ，魚の仲間が入っています。

5年

T　魚も生き物に入れていいですか？

C　いいです。魚も動きます。

　ここで，素朴な意見として，「生物＝動く」が出されると，虫や鳥も生物とすんなり認められます。

　いよいよ，ここからが本題です。植物を書いた子を発表させます。

❷ 「生きているというのは，どういうことか」考える

T　次に発表してもらうAさん，Bさんには，今まで発表されてないものが入っています。聴き取ってください。

C　イヌ，ネコ，ネズミ，アサガオ，トウモロコシ，ジャガイモ…。

C　野菜が入っています。植物です。

T　さぁ，植物を生物，生き物に入れていいのでしょうか？　その理由は何でしょう。

POINT

> この問いに答えさせることで，「生きているというのは，どういうことか」を具体的に考えさせるとともに，聞き方のマナーも教えていく。

　聞くときには，発表者の方を向くことはもちろん，賛成する意見にうなずくことを奨励しておきます。

C　アサガオは動いたりしないけど，なんとなく生きていると思います。

T　なんとなくも理由の1つです。なんとなくの意味をはっきりさせると，この授業の意味があるね。

C　アサガオはライオンのようには動かないけど，成長します。成長するのが生物の特徴だと思います。

C　賛成です。成長するには，栄養を摂る必要があります。ライオンがえさ

30

を食べるように，アサガオも肥料を吸ったりします。

C 賛成です。ひょっとすると，水が必要なのも成長のためかもしれません。ライオンも水を飲むし，アサガオも水が必要です。

C 賛成です。空気はどうでしょうか。ライオンは呼吸をするので，空気が必要です。アサガオも息をしてそうな気がします。

C よくわかりません。アサガオに口はないので，息をしているかどうかははっきりしないと思います。

T おもしろい問題だね。今日は解決できそうもないけど，後で必ず研究しよう。では，科学者の考えを説明します。科学者は，植物も生物に入れてよいと考えています。理由は，ライオンもアサガオも，育つために栄養を食べて要らない物を外に出しているからです。「育つ」は，大切な目のつけどころだったんだね。

みんなは「なぜか」を話し合ったわけだけど，こういう話し合いをすると考え方が身につきます。みんなの話し合いは，科学者と同じレベルのことまでいけたんですよ。すばらしい。

❸自分の成長を実感する

最後に，もう一度生物の名前を書かせます。一度書いたものでもよいし，友だちが発表した物でもいいです。また，いろいろな意見から，自分が考えついた物でもいいです。

同じ時間で取り組ませると，ほとんどの子が一度目より多く書けるようになります。時間があれば，振り返りを書かせてみましょう。生物とは何かが書かれるとともに，人の意見を聞くこと，なぜかを話し合うことの大切さも書かれます。

（宮内　主斗）

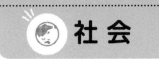

5年 社会

日本はどこまで？
日本はどこにある？

 授業の概要

　4年生までの都道府県にかかわる学習を生かし，5年生最初の単元である「国土・領土」についての興味・関心を高めるネタです。地図帳を準備することをあらかじめ指示しておきます。

　最初に社会科が苦手な子でもすぐにできる都道府県名クイズをします。子どもたちが知っている都道府県名がどんどんと出てきます。

　次に，その日本の東西南北はどこまであるのかと問うと，子どもたちは改めて「どこまでだろう」と不思議に感じます。そして，日本の東西南北の端を教えることで，日本の領海は，遠くまで広がっていることを実感させます。

　最後には，日本の周りの海洋名，隣り合った国々を地図帳で確認をして，日本がどこにあるかまとめ，感想を書かせて授業を終えます。「日本は広く，いろいろな海に囲まれていることをはじめて知った」といった感想が出てきます。

 授業の課題

　この地図の中で，どこまでが「日本」なのか，また，どこにあると言えるのか考えよう。

授業のねらい

地図帳等の資料を使いながら，日本の国土や領土，日本の位置に興味をもつことができるようにする。

 授業展開

❶都道府県名クイズに取り組む

　地図帳の47都道府県が掲載されているページを開かせます。簡単な都道府県名クイズを出して，子どもたちの地図学習への意欲を高めていきます。

T　4年生の時に都道府県名の学習をしましたね。日本にはいくつの都道府県がありますか？
C　47です。
T　では，そのうち「山」のつく都道府県は？
C　山形です。
T　見つけましたか？　丸で囲みましょう。
　（同様に山梨，富山，和歌山，岡山，山口を発表させ，丸で囲ませる）
T　すごい！すぐに6つ見つけましたね。では「島」のつく都道府県は？
C　福島です。
　（同様に広島，島根，徳島，鹿児島が出る。子どもたち，○で囲む）
T　5つありますね。日本は，山も島も多いので，このように都道府県に山や島が入っているものが多いです。ちなみに，日本にはいくつの島があると思いますか？
C　（子どもたち，「100」「500」と予想する）

T　6800あまりの島々が日本にはあります。

❷どこまで日本なのか考える

　日本にある主な島を確認したあと，日本の東西南北の端はどこか問います。それぞれの端の島の位置を地図で確認し，日本の領海の広さを実感させます。

T　それでは，たくさんある島のうち日本で一番大きい島はどこかな？　地図帳で探してみましょう。
C　本州です。
C　「島」だから沖縄島じゃないの？
T　本州は島なのでしょうか？
C　名前に「島」がついていないけど，大陸ではないので，島だと思う。
T　そうです，本州も島です。では，次に大きい島は？
C　北海道です。（さらに，九州，四国と続く）
T　日本には大きな島が4つあります。
　それでは，日本の端はどこでしょうか？　何を探せばわかるかな？

　日本の東西南北の端の島を探せばよいことを確認して，地図で調べさせる。

C　一番の北や南の島を探せばいい。
C　地図帳の11～12ページに東西南北の端が出ています。
T　よく見つけたね。それでは日本の北端は？
C　択捉島です。
　（同様に，東端が南鳥島，南端が沖ノ鳥島，西端が与那国島と続く）
T　それぞれの島のそばに外国との境界の線がありますね。つまり，その線までは日本だということです。その線を指でなぞってみましょう（教師

は示範する)。どんなことを思いましたか？

C　日本は広い！

C　日本には本州をはじめ，多くの島があるんだけど，それよりも日本のまわりの海の方が広くて驚きました。

T　日本の権利が及ぶ海の面積では，世界第6位の「海洋国家」なのです。

❸日本はどこにあると言えるのか考える

　日本が接している海の名前，隣り合っている国々の名前，大陸名を地図帳をもとに確認させ，日本はどこにあると言えるのか考えさせる。

T　日本の端の島々は何という海にありますか？

C　沖ノ鳥島，南鳥島は太平洋です。

T　択捉島の北，与那国島の北は。

C　オホーツク海，東シナ海です。

T　他にも日本の西側に日本海がありますね。日本海のさらに西にはどんな国々がありますか？

C　ロシア連邦，大韓民国，中華人民共和国などです。

T　それらはユーラシア大陸にあります。これで，日本の周りの海，隣り合った国々と大陸について知りましたね。日本はどこにあると言えるのでしょうか？　「日本は～である」という書き方で書いてみましょう。

POINT

1つだけではなく，複数の答えを引き出し，見方を広げさせる。

C　日本は日本海，太平洋，オホーツク海などに囲まれている。

C　日本はロシア連邦や大韓民国の隣にある。

C　日本はユーラシア大陸の東にある。

T　今日は日本について多くのことを知り，考えましたね。　　（佐藤　正寿）

社会

5年

都道府県名のクイズに挑戦し地図をかこう！

 授業の概要

　5年生の社会科は，日本の産業学習が中心です。その基礎知識として都道府県名の習得が必要です。

　4年生で学習していますが，すべての子どもが47都道府県すべての名称と位置を覚えているわけではありません。

　そこで，復習と実態把握をかねて，都道府県名を書かせます。黒板，またはスクリーンに都道府県名の書いてある地図を提示したうえで行います。つまり，答えを見ても構わないのです。

　そのうえで，都道府県名クイズをします。これは，今後の学習とのつなぎという意味もあります。

　二択問題ですから，気楽に選ばせます。最後に，地図のかき方の指導をします。

　ノートに地図をかくことがこれから頻繁にあるので，そのための下地指導です。授業を通して，ノートの使い方の指導も兼ねます。

 授業の課題

> 都道府県クイズや日本地図の作図にチャレンジしよう！
> ノートの書き方も身につけよう。

授業のねらい

　都道府県クイズを通して日本の産業に興味をもたせたり，日本地図をかく練習を通して5年生の学習に興味と期待をもたせたりするとともに，ノートの書き方の基本を身につけることができるようにする。

授業展開

❶都道府県プリントに挑戦する

　大型テレビや電子黒板で日本地図を提示します。都道府県名について尋ねると，子どもはいろいろな反応を示すので，確認を兼ねて，フラッシュカードを使って一度復習します。時間が来たら回収し，実態把握のデータとして使います。

T　4年生で，都道府県名を覚えましたか？
C　覚えました。
C　覚えていません。
T　5分間。地図帳を見てもよいです。書きましょう。

❷都道府県二択クイズに挑戦する

　ノートの使い方を指示したあと，クイズ問題を読み上げていきます。

5年

T　見開きのノートのページを用意しなさい。

　　日付を書き，1行空けて，2行目に「見開き2ページに，社会科の学習を自分なりに工夫してまとめよう」と書きなさい。四角囲みします。

　　1行空けで①〜⑩までの番号を書きなさい。

---

①日本で3番目に広いのは福島県でしょうか，長野県でしょうか。

（福島県）

②日本で一番人口が多いのは東京都です。では，2番目は大阪府でしょうか，神奈川県でしょうか。　　　　　　　　　　　　　　（神奈川県）

③日本で一番お米の生産業が多いのは，北海道でしょうか，新潟県でしょうか。　　　　　　　　　　　　　　　　　　　　　　（新潟県）

④日本で一番南にあるのは，沖縄県でしょうか，東京都でしょうか。

（東京都）

⑤日本で一番飛行場が多いのは，沖縄県でしょうか，北海道でしょうか。

（沖縄県）

⑥日本でトマトの生産が多いのは，熊本県でしょうか，茨城県でしょうか。　　　　　　　　　　　　　　　　　　　　　　　　（熊本県）

⑦日本で市が一番多いのは，埼玉県でしょうか，愛知県でしょうか。

（埼玉県）

⑧日本で一番高齢化率が高いのは，秋田県でしょうか，高知県でしょうか。　　　　　　　　　　　　　　　　　　　　　　　　（秋田県）

⑨日本で一番森林の割合が高い県は，岐阜県でしょうか，高知県でしょうか。　　　　　　　　　　　　　　　　　　　　　　（高知県）

⑩日本の都道府県で読み方がおかしいのは大分県でしょうか，鳥取県でしょうか。　　　　　　　　　　　　　　　　　　　　（大分県）

T　答え合わせをします（ノートに○か，×かをつけさせる）。そして，一言つぶやきを書き加えなさい。

❸日本地図をかく

T　ノートの右のページを4分割しなさい。
T　日本地図の簡単なかき方を教えます。見ていなさい（その後で，黒板に教師がかいて見せる。右のような程度で，島はなくてもよい）。
T　友だち同士で見合いなさい。
T　今度は，少し地図らしく少し凹凸を入れてかきます（また，かいてみせる）。
T　同じように見てかき，紹介し合います（時間はいずれも1分間）。
T　早くかけたら，自分の県の位置をかき込みなさい。
T　最後は，トレーシングペーパーを地図に載せてなぞりなさい（それをノートに貼らせる）。
T　なぞってみて，思ったことを3つ書きなさい。（できるだけ友だちと違っていることを，全員に1つずつ言わせる）。

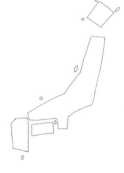

日本地図を何度もかかせる中で，学習への興味をもたせる。

❹振り返りを書く
　見開き右ページの下の部分に振り返りを書くための四角囲みを書かせたうえで，友だちのノートを30秒間見て回らせ，自分のノートについてどう思ったか書かせて終わります。

（長谷　博文）

5年

「ケチャ」に挑戦しよう！

 授業の概要

　5年生で学習する「インターロッキングの音楽」の導入としても使える，高学年でも盛り上がるネタです。変声期が始まり，声が出にくくなってくる男子もいますが，「ケチャ」なら思いっきり声を出して楽しむことができます。

　5人程度のグループで，4拍にうまく当てはまるように「ちゃ」がつく言葉を考えさせます。いくつか考える中でおもしろいものを選ばせ，4回繰り返して言う練習をしていきます。指揮者役を順番に回しながら練習させると，何回繰り返したかがわかりやすく，そろいやすいでしょう。それぞれのグループの作品を発表させた後，クラス全員で合わせていきます。自分が発表しているとどんなふうに聴こえているのかわかりにくいので，グループで何人か聴き役をつくったりして楽しみましょう。時間があるようなら，最後に，「ちゃ」だけ（他の文字は言わない）で合わせると，「ケチャ」の気分をさらに味わうことができます。

 授業の課題

> 自分たちの「ケチャ」をつくって，みんなで合わせてみよう。

授業展開

グループでケチャに挑戦することを通して，インターロッキングの音楽の仕組みがつくり出すおもしろさを感じ取ることができるようにする。

 授業展開

❶「ちゃ」のつく言葉を考える

まず，インドネシアの「ケチャ」を鑑賞し，「ケチャ」がどんなものなのかを共有した後，クラスを5人程度のグループに分けます。「ちゃ」がつく言葉を考え，「ちゃ」と「ウン（休符）」を使って，8個のマスをうめていきます。

T　グループで，「ちゃ」のつく言葉を考えてみましょう。「ちゃ」と「ウン（休符）」をうまく使い，8個のマスを埋めていきましょう。

（例）
おちゃわん，ちゃつぼ，
まっちゃ，むぎちゃ，
チャイム，ちゃわんむし，
ちゃんちゃんこ，
チャンピオン，チャック，
ぶんぶくちゃがま，
チャレンジ，チャーハン

C　「ウン（休符）」はどこに入れてもいいの？
T　どこでもいいです。文字が埋まりにくいところには「ちゃ」だけで使っ

てもいいですよ。

C 「ちゃ」を連続で使ってもいい？

T もちろん。「ちゃ」で言葉遊びをしてみてください。

T できたグループは，もう１パターンつくってみましょう。

❷グループで練習する

　考えた２つのパターンをそれぞれ４回連続で練習します。指揮者をつくることで，ずれにくくなり練習しやすくなります。また，「ちゃ」のつく部分を少し強調しながら言うように練習させると，より「ケチャ」らしくなります。ある程度練習ができたところで，どちらのパターンがいいか選ばせ，順に発表していきます。

T つくれたグループから，それぞれのパターンを４回連続で練習してみましょう。

C 何回言ったかわからなくなってきた…。

C みんなバラバラでなかなかそろわないんだけど…。

T ひとりが指揮者になって，手をたたくと練習がしやすいですよ。交代で指揮者をしながら練習してみましょう。

C じゃ，僕が指揮者をするよ。「１・○・○・○・２・○・○・○…」
（手拍子しながら１・２・３・４と声をかけると最後もそろいやすい）

C うまくできるようになった！　パターン１の方がおもしろい！

T では，どちらか好きな方を選んでください。これから，みんなの前で発表してもらいます。

❸それぞれのグループの作品を発表した後，全員で合わせてみる

　グループの作品の発表を聴き，「ちゃ」に○をつけて板書することで「ちゃ」の位置を確認しておきます。最後に，クラス全員で合わせることを楽しみます。数種類の言葉が重なるおもしろさ，何度も繰り返されるおもしろさ

を味わいます。

T では③グループさん，発表してください。
C 私たちは「おもちゃのちゃちゃちゃ」という言葉にしました。（発表）
T 「ちゃ」がいっぱい入っている言葉をみつけましたね。びっくりしました。次は，⑥グループさんお願いします。
C 私たちのグループは「ちゃいろ」と「チャイナ」です。（発表）
T ２つの言葉を使うのもおもしろいですね。これで全部のグループの発表が終わりました。「ちゃ」のついているところに〇をしてみましょう。
C うわ〜，全部の場所に「ちゃ」が入ってる！
C 先生，１つしか「ちゃ」がないところもあるよ！
T では，全員で合わせたらどんなふうに聴こえるのか，やってみましょう。

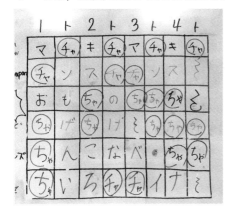

（例）
①マチャキチャマチャキチャ
②チャンスチャチャンス〇
③おもちゃのちゃちゃちゃ〇
④ちゃげちゃげ〇ちゃちゃちゃ
⑤ちゃんこなべ〇ちゃちゃ
⑥ちゃいろチャチャイナ〇

C おもしろい〜！「ちゃ」がいっぱい聴こえるよ。
T 組み合さると，聴こえ方が変わってきますね。次は「ちゃ」だけ言ってみましょうか。ほかの文字は言わないでやってみましょう。
C すごい！ほんとの「ケチャ」みたいになった。強弱をつけるともっとおもしろくなるかも…。

（裏谷　順子）

5年

切ってつなごう！
ぐんぐんぐん！

 授業の概要

　春一番，高学年のハートに火をつけるには…ズバリ木工作！　既習ののこぎりやキリ，玄能を活用しながら夢中になる題材です。
　さらに，切り出した木片を竹ひごでつなぐことで形をつくりだして楽しみます。バランスをとりながら複雑で抽象的な構造を組み立てる子どももいれば，つないだ形から見立ててイメージを表していく子どももいます。
　このように，表し方に一定の条件を設けることで，短時間で既習の定着と活用，そして多様な発想の広がりをねらうことができます。

準備するもの
○材料
　小割（細長い木材。2cm×3cm，長さ1人20cm〜30cm）
　竹ひご（5cm程度に切っておく），ベニヤ板（土台用，10cm×7cm程度）
●用具
　鉄ヤスリ，紙ヤスリ，のこぎり，キリ，かなづち（玄能），Cクランプ

 授業の課題

　どのように木をつなぐとおもしろい形になるか考えながら，立体に表そう。

授業のねらい

　木工作の用具を安全に正しく使い，切ったり削ったりつないだりして，形のおもしろさを考えながら，工夫して立体に表すことができるようにする。

 授業展開

❶習ったことを確認しながら木を削る，穴をあける，切る
　木工道具各種を確かめながら活動をスタートさせます。

POINT

　既習を押さえ活用できるようにするために，まずはクラス全員で以下の①〜④までの一定の学習プロセスを経験し共有しながら進める。
①小割（木材）を固定する　　②鉄ヤスリで削る，紙ヤスリで磨く
③キリで穴をあける　　　　　④のこぎりで切る

T　今日は木の工作のおさらいをしよう！　クランプで木を押さえてまずは鉄ヤスリで木をダイエットさせちゃおう！
C　結構痩せてきたぞ！
C　波の形になっておもしろい！
T　一度止まってください。みんなこの道具の名前覚えてるかな？　そう「キリ」ですね。先が尖っているから注意が必要だよ。（配布する）これで穴をあけるのはどのようにやりますか？

C 両手で挟むようにして回します。
T さあ，いよいよ切ってみよう。のこぎりの使い方は覚えてるかな？ 顔をできるだけ正面に，そして引くときに力を入れるんだったね。何個切れるかな？
C 5個！ 10個！

　ここまでの用具が習得できているか，個別に指導と助言を行います。

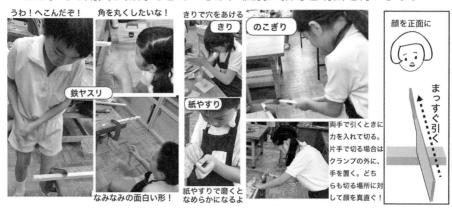

❷竹ひごで木をつなぎ，いいな，おもしろいなと思う形をつくる

　木片を10個程度切り出すことができたら，一度活動を止めます。ここで竹ひごを打ち込んでつないでいくことを提案します。

T 安全に確実に切れていたね。でも実はまだ使ってない道具があるんだけど…。さあ，ここにこんなものがあるよ。
C かなづち！
T そうだね。玄能ともいうね。これは今までだと釘を打ってきたよね。でも今日はこんなものを用意してみたよ。竹ひごです。これを打ってみるね。
　（玄能の平らな面でキリの穴に打ち込み，2つの木片をつないで見せる）

C あっ,つながった。そんな方法があるんだ…。やってみたいな!
T では,この竹ひごで,木片のどんなつなぎ方があるかな? ちょっと試してみようよ。(土台となる板をさりげなく配布する)

　どの子どもでも自分の力で活動を展開できるようにするには,最初のハードルを高くしすぎないことがポイントです。「作品をつくりましょう」「…な形をつくりましょう」と言わず,「つなぐことを楽しんでみよう」という投げかけから始め,徐々に一人ひとりの思いが膨らんでいくようにします。

どんな形になりそうかな?

竹ひごをかなづちで打ち込んで木をつなぐと…

C 先生,斜めに打つのってありかな?
T へー,よくできるね! キリの穴はまっすぐにあけたの? 少し斜めにあけたんだね。そのアイデアみんなに紹介してもいい?

　新しい方法や考え方は,即時的に評価するとともにクラスへ共有します。表現の可能性をクラス全体で広げていくようにすることが大切です。子ども全員が,自分で思いをもって活動することに自信がもてるスタートダッシュにしましょう!

(笠　雷太)

5年

なんで家庭科を
やらなきゃいけないの？

  授業の概要

　5年生の家庭科の授業の始まりは，ガイダンスの授業を行うことと決められています。しかし，いきなり自分の成長を「振り返りなさい」と言われてもその必要感が生まれませんし，家庭科を学ぶ必要性も意識されません。

　そこで，学ぶ必要性を考える課題「今も将来も家事を周りに任せるので自分はやるつもりはないというジョンくんに何を伝えるか」を設定します。ぬいぐるみ等の言葉を教師が代弁する形で進め，子どもの意見を引き出します。子どもは友だちの異なる考えを聞いたりする中で，自分たちの言葉で家庭科を学ぶ必要性を理解していきます。

　次時には，これから自分はどんなことができるようになるのか理解したことを踏まえて，これまでどのようなことを家族や周りの人たちからしてきてもらったのかを振り返り，これから誰に何をしていきたいのかと，これからの自分のあり方を考えていきます。

  授業の課題

　今も将来も家事をするつもりがなく，周りからも求められていないジョンくん。彼には家庭科を学ぶ必要はないのでしょうか？　彼を説得するとしたらどんな言葉をかけますか？

授業のねらい

　これまでは家族や周りに支えられることが多かったが，今後は家族の一員として生活をつくる側の人になるという自分の見通しをもつことができるようにする。

 授業展開

❶ジョンくんの意見への賛否を問い，課題を把握する

　自分の意見を明確にさせます。あえて教師は家庭では家族が先にやる仕事がほとんどであることを示します。

T　ではまず，ジョンくんの考えに賛成と反対それぞれの意見を聞きますね。
C　反対です。頼ってばっかりじゃいけないと思う。将来苦労するよ。
C　そうそう，一人暮らしになったらどうするの？　結婚とかしたときにも少しはできないと困るでしょ？
C　でも本当かな？　例えば食事ならコンビニで買えるし洗濯もクリーニングでできるよね。ボタンつけとかはしなくても新しい服買えばいいし。

T　そうそう，調理・洗濯・掃除をしてくれる人と結婚すればいいし，一人暮らしは面倒だからしないよ。
　　（教師が代弁する形でゆさぶりをかける）
C　お金はどうするの？　全部買ったらお金がかかるよ。

49

C　その分稼ぎのいい仕事に就けばいいんじゃない？

C　そういう問題なのかなぁ…。

T　すぐには答えは出ないようですね。どちらの生活の仕方も実際している人がいますから難しいですね。

❷教科書を見て，何を学ぶのかを知る

　子どもは，家庭科で学ぶことは「料理と縫い物」と考えていることが多いです。教科書をよく見てみると，様々な内容があり，それも答えが１つではないような題材がほとんどであることに気づかせます。

T　では家庭科でどのようなことを学ぶのでしょう？　教科書を見て，ジョンくんの考えに対してのヒントがあるかもしれないですね。

C　お湯のわかしかたとか包丁の使い方がある。

C　ごはんをおなべで炊いているよ！

C　でもうちではごはんも炊飯器だし，ミシンもないよ。必要あるのかな？

C　地震のときとかいざというとき困るじゃん！

T　そうですね。実際，地震のときに家庭科を学んだ小・中学生が上手にごはんを炊いて助かったという話があります。さらに，お菓子や料理を作って友だちや家族にプレゼントした人はいますか？　そういう楽しい・うれしい気持ちをつくることもできますね。

POINT

子どもの発言を基に，知識・技能の習得は，いざというときなどの環境の変化や楽しみの広がりとして学ぶ必要があることに気づかせる。

C　買い物の仕方とか時間を見直したりするのもあるね。

C　高齢者や小さい子との交流をしようだって，これも家庭科なんだね。

C　「家でやってみよう」だって。お家の人がやっていることが多いね。

T 例えば，スーパーにあるお肉を買う際，高いのか安いのか答えが決まっていないものもありますね。答えが1つではないことも学ぶんですよ。

C なんでもいいってこと？

C あっ，答えがないからよく考える力をつけるんじゃないの？

❸授業の中で参考になった意見を発表させる

　今回の活動自体に着目させ，答えが多様に考えられるからこそ自分の考えをさらに深めることも，家庭科を学ぶ意味であることに気づかせます。

T みんなが気づいたことはどれも大切なことです。今日の活動で，「この人の意見おもしろいな，参考になったな」というものはありましたか？

C コンビニで全部買えばいいっていう意見。私はたぶん自分でもつくるけれど，そういう考えもあるのかと思った。

C いざというときに使えるようにすることも家庭科で大切なこと，という考えに，なるほどと思った。

C 全部家事を相手に任せるなんてひどいと思った。でも，そういえば私も家族に全部任せているのかぁ…と思った。

T たぶん，みんな1つは「なるほど」があったと思います。そういう「なるほど」「自分は…」と考えることも家庭科で大切なことなんですよ。

POINT

　今日の活動から，多様な考えに触れることも家庭科を学ぶ意味であることを，子どもの意見から導く。

T 今日の授業を受けて，ジョンくんは学ぶ必要があるかな？　どんなふうに説得できるかな？　まとめてみよう。

（佐藤　翔）

体育

5年

チームで力を合わせて ソフトバレーボールをしよう！

授業の概要

　授業開きの時期に，バレーボールというどの子も経験が少なく得意や苦手の差が少ない運動を楽しく行い，チームで作戦を立てたり，助け合って練習やゲームをしたりすることで，友だち関係を深めることができます。

　授業のポイントの1つは，ルールの工夫です。一般的なバレーボールでは，コートにボールが落ちた時や，3回で返球できなかった時は相手チームに1点が入り，ボールをキャッチすることも認められません。しかし，どの子も楽しめるよう，また全員が活躍できるように，ルールを工夫します。

　もう1つのポイントは，コートでプレーする人数です。1チーム6人とし，そのうち3人がコートでプレーします。人数が少ないことで，どの子も積極的にプレーに参加できます。また，3人が一緒にコートの外に出ることで，味方のチームを応援しながら，自分たちの作戦を相談することができます。

授業の課題

　6人チームで，一度にコートに出る人数は3人です。相手から来たボールを落とさずに，3回以内で相手コートに返すゲームです。チームで力を合わせて，練習やゲームをしましょう。

授業のねらい

ルールを工夫したり作戦を立てたりしながら，友だちと助け合い，ボールをつないで攻めたり守ったりしてゲームをできるようにする。

 授業展開

❶オリエンテーション─学習のねらいや学習の仕方を知る

　ゲームの行い方やルールを知り，運動やゲームのイメージをもったり，興味や関心を高めたりします。6人ずつのチーム分けも行います。

T 「ソフトバレーボール」の説明をします。まず，ボールとコートです。コートはバドミントンのコートとネット（155cm）を使います。ボールは，軽くて（50〜100g）大きいソフトバレーボールを使います。
C 難しそうだな…。
T では，ルールを説明します。
　・6人のうち3人がコートでプレーする。試合時間は8分間。
　・コートにボールが落ちた時や，3回以内で相手コートに返せなかった時に，相手チームに1点が入る。
　・サーブは，自陣中央のラインから山なりに打つ。両チームが1回ずつ交互に行い，6人全員が行ったらコートの外にいる3人と交代する。
　・審判はゲームに出ている全員で行う（セルフジャッジ）。
T サーブを打っても入らなければ，下から投げてよいことにします。慣れるまでは，ボールのキャッチや，ワンバウンドもOKにしましょう。
C それならできるかもしれない。早くやってみたいな。

❷チーム練習―練習を通して運動のポイントを学び，動きに慣れる

チームの中の３人で練習を行います。ボール操作の仕方や，ボールを持っていないときの姿勢，互いに声をかけ合うことの大切さなどに気づかせます。

> ボールを上に上げるために，体勢を低くして構えておくことに気づかせる。

【練習①】サーブ＆キャッチ
T　１人が打って２人でキャッチします。山なりのボールで，少しずつ遠くに飛ばそう。手の平で打つか，手を軽く握って打とう。
C　山なりにしないとネットに引っかかるね。

【練習②】仲間へつなぐレシーブ
T　投げる人，打つ人，キャッチする人に分かれます。山なりのボールを投げてもらい，レシーブしてもう１人につなごう。
C　足を開いてひざを曲げ，腰を落としていないと低いボールをうまく上げられないな。

【練習③】３人で円陣パス
T　はじめは距離を近くして，ワンバウンドしても続けます。何回続けられるか数えてみよう。
C　ボールが遠くへ行ったら追いかけないとね。自分が取るときは，「はい！」と言おうよ。

❸ゲーム―最初のゲームを行いルールの工夫やチームの課題を考える

　まだ技能は十分ではありませんが，はじめは「ボールキャッチOK，ワンバウンドOK」として，ボールをつなぐ楽しさを味わえるようにします。

　ゲームを通して，ボールの方向に体を向けて素早く移動することや，声をかけ合い，味方が受けやすいボールをつなぐことの大切さを実感させます。

T　では，3つのコートに分かれてゲームをしましょう。

POINT

> 運動量を確保するために，2つのバドミントンコートの間にもテープを張り，コートを3面作って6チームが同時にゲームを行う。

C　6人チームの中で，力が同じくらいになるように分かれようね。
T　ゲームの前後には，相手と礼をしましょう。円陣を組んだり，得点したらハイタッチをしたりすると盛り上がるね。
C　サーブが相手コートまで届かないな。
T　下手投げで投げ入れてもいいですよ。
C　ワンバウンドしてもキャッチしてもいいから，ボールの近くまで行ってから味方が取りやすいボールを出してね。
T　6人ともサーブしたら全員交代します。
C　得点板は，ゲームを見ながらやろう。
T　「ナイス！」「おしい！」「ドンマイ！」などの声が出てきましたね。

　ゲームが終わったら，全員で「ルールに加えたいこと」を話し合います。

（永瀬　功二）

5年

Numberで楽しもう！

 授業の概要

　身近な英語である数字（Number）を使うので，苦手意識がある子どもでも楽しめます。また，かかわる場面が多いので授業開きにもってこいです。

　まずは歌から始めます。「Seven Steps」を流し，曲のリズムを教えます。わかりやすい曲調なので2回で十分でしょう。3回目は実際に歌ってみます。4回目以降，数字の順番を変えて歌います。順番を変えることで少し頭を使うことになり，さらに楽しむことができます。

　その後は，ピッタンコカンカンゲームをします。教室内を歩きながら，出会った友だちに"Hello"とあいさつをします。そして，"One, two, three"と言いながら，じゃんけんの要領で指を使って0～5の数字を出します。2人とも同じ数字を出したらハイタッチをして喜びます。違う数字を出したら，"Bye"と言って次の相手を探します。

　このゲームは，違う数字を出したときに喜んだり，あいさつを他の国のものに変えたり，たし算を組み合わせたりして変化をつけることができます。

 授業の課題

　クラスの中で気が合う人をたくさん見つけよう。

授業のねらい

　数字を表す英語に慣れ親しみ，自信をもって言えるようになるとともに，クラスの友だちと楽しくかかわることができるようにする。

授業展開

❶ Seven Steps を歌う

　曲の紹介をして普通に歌った後に，「数字の順を変える」ことを伝えます。どんな順で歌うかわかるように，黒板には数字カードを貼ります。カードには移動させることができるように裏面にマグネットをつけておきます。

T　Seven Steps が歌えるようになったので，次は数字の順番を変えてみましょう。
C　いいよ。できるよ！
T　Let's sing in this order !

❷ ピッタンコカンカンゲームを楽しむ

　Number に自信をもたせた後，ピッタンコカンカンゲームに取り組ませ

ます。最初は同じ数字を出したときに喜ばせますが，途中からは違う数字を出したときに喜ばせます。変化をつけるとともに，「自分とは違っていても，認め合い，それを歓迎できるようにしよう」といった授業観や教育観を伝えることもできます。

T　Number を使ったゲームをします。教室内を歩いて，出会った友だちに"Hello"とあいさつをしましょう。その後，"One, two, three"と言いながら，片手で０〜５の数字を出します。相手と同じだったら気が合う仲間を見つけたってことだね。ハイタッチをして喜びます。違っていたら，"Bye."と言って，次の友だちを探します。

POINT
実際にデモンストレーションを見せることで理解しやすい。また，喜び方を大げさにするほど楽しい授業開きになる。

C　Hello！ I'm Hiromasa. One, two, three. Yeah!!
C　Hello！ I'm Sakura. One, two, three. Bye!!
　（何度か活動する）
T　ルールを変えます。次は違う数字が出たときに喜びましょう。
C　え〜っ，なんで？　違うのに喜ぶの？
T　違いを認め合うことは大事なことだからね。では，始めましょう。

POINT
表情豊かに喜んでいる子やいろんな友だちに声をかけている子を取り上げてほめ，よりよいかかわりがクラスに広がるようにする。

❸ピッタンコカンカンゲーム応用編を楽しむ

基本ルールがわかったら，クラスの実態に合わせて応用編に取り組ませます。楽しいことが好きなら，"Hello" というあいさつを他の国のあいさつに変え，"One, two, three" をその国の数字に変えるのもいいでしょう。また，少し知的なことを入れるなら，同じ数字を出したときに喜ばせるのは同じですが，違う数字だった場合は，2人の数字をたした数字を先に言った方が勝ちというルールをつけ加えます。例えば，1人が2を出して，もう1人が3を出した場合，"Five" と先に言った方が勝ちになります。さらに，片手ではなく両手で行うと0〜10を出すことができるので，知的レベルが高まるとともに，同じ数字を出したときの喜びは何倍にもなります。

T 同じ数字が出たら喜ぶのは一緒だけど，そこにルールを2つつけ足すよ。
　1つは，両手でやること。0〜10を出せるようになるよね。もう1つは，
　違う数字だった場合は2人の数字を足した数を先に英語で言えた方が勝
　ちっていうこと。
C OK !
C Hello ! I'm Hiromasa. One, two, three. Yeah!!!!!!!
C Hello ! I'm Hiromasa. One, two, three. (自分が8を出して，相手
　が5を出したので) Thirteen !

ゲームを楽しむ子どもは多いですが，教師には「英語を使ってコミュニケーションをはかっている」という視点で評価をすることが求められます。例えば，振り返りの場面においては，「何人に勝ちましたか？」という問いではなく，「同じ数字を出して喜び合えた人はいた？」と問い，「クラスの中に気が合う友だちを見つけたね」と本時の課題につながる評価を行うことがポイントです。

(江尻　寛正)

5年 外国語

協力して体を使い，文字の形に親しもう！

 授業の概要

「書く活動」の前に，アルファベットの大文字の「形」に楽しみながら自然と親しむことができる活動です。また，グループで相談しながら即興でアルファベットをつくる活動を通して，「よりよい人間関係づくり」にもつなげることができます。まず，男女バランスよく，4人グループをつくらせます。教師が発話し，カードで提示したアルファベットの大文字の形を，グループで相談し，制限時間内に身体で表現させます。すべてのグループが完成できない場合も，ユニークな方法を考え出したグループを全体に紹介し，みんなで真似することで，全員で考え出す喜びを味わうとともに，クラス全体がアルファベットの形に慣れ親しむことができます。いくつかのアルファベットの文字を出した後，それらを並べ替えると，クラスのある友だちの「名前」になることを知らせます。グループで相談し，友だちの名前を完成させることで，最初の単元のテーマにもなっている「ローマ字の名前の綴り」に，自然と親しませることもできるのです。

 授業の課題

> Let's make alphabet letters with our bodies.
> （体を使ってアルファベットをつくろう）

授業のねらい

4人グループで積極的にコミュニケーションを図りながら，アルファベットの大文字を，身体を使って表現する活動を通して，アルファベットの大文字の形や，友だちの名前の綴りに親しませる。

授業展開

❶活動のルールを理解する

子どもを1人指名します。担任と2人で，協力してアルファベットの大文字をつくります。「E」等がわかりやすいでしょう。身体を使って，担任の提示したアルファベットをつくることを理解させ，4人グループで活動に取り組ませます。

T　Any volunteers?
C　Yes!!
T　○○, please come here.
　（担任はボランティアの子どもと簡単に打ち合わせをし，2人で「E」のアルファベットをつくる）
T　What can you see?
C　えぇっ，何やっているの？
T　This is one of alphabet letters.（黒板に貼ってある，アルファベット表を指さしながら）What's this letter?
C　…あぁ，わかった！　「E」？
T　That's right!! This is "E". Can you see "E", everyone?

5年

❷4人グループをつくり，アルファベットづくりに取り組む

　教室を自由に歩かせ，担任の指示で即興の4人グループをつくらせます（男女各2名になるよう4月当初から指導します）。まずは，❶で紹介したアルファベットをつくるよう指示し，慣れたところで様々なアルファベットを身体で表現させていきます。

T　Walk around the classroom. Make a group of four. If you make a group, please sit down. 2 boys and 2 girls.
　（ジェスチャーで人数を示す）

C　男子2人と女子2人だよ！　○さん，こっちおいで!!
　（積極的に友だちを誘ったり，普段あまり話をしない友だちを誘ったりしている子は後で大いにほめ，クラスづくりにつなげる）

T　Let's make "E" with our bodies in one minute. Are you ready? Start!!（アルファベット表のEを指さし，タイマーをスタートさせる）

C　E？　どうする？　腕を使ってみる？

C　いいねぇ!!　でもEだと逆じゃない？

C　（表を見ながら）あぁ，本当だ!!

T　Time is up!! Please show me your answers!!

T　Please look at this group's "E".
　このグループは，腕を使って上手に「E」の文字をつくれました。グループ内でしっかり「向き」も確認し合いました。ひらがなやカタカナと同じで，アルファベットは「向き」に注意ですね。

T　Please look at this group's "E".

C　そんなやり方もあるんだ…。

T　体全体を使って，工夫して表現できましたね。

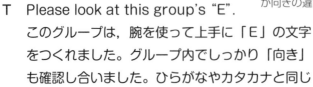

4人グループにすることで，他の2人が向きの違いに気づくことができる

T　みんなでこのグループと同じように「E」の文字をつくってみましょう！　Ready, go!!
T　Next alphabet letter is "Y".（以下，同様に続く）

「アルファベットの形」に慣れ親しませることがねらいの１つなので，「向き」などの気づきは，全体の前で紹介する。

❸教師が出題したアルファベットの文字を並べ替える

　これまで出題したアルファベットの文字を並べ替えると，クラスの友だちの名前になることを知らせ，グループごとに答えを考えさせます。

T　（黒板のカードを指し）Let's check all alphabet letters you made.
C　E, Y, S, U, O, K.（黒板のカードをみんなで声に出して読む）
T　これらを並べ替えるとクラスのある人の名前になります。グループごとに相談して，ミニホワイトボードにその名前をローマ字で書きましょう。
C　えぇっ，だれ？
T　ヒント。男子です。最初に「Y」の文字が来ます。
C　男子？「Y」？「Y」「O」…。「よ」？　よう…あぁ，わかった！
T　Time is up! Please show me your answers!
C　（ミニホワイトボードを教師に見せながら）"YOSUKE!"
T　That's right! How do you spell it? Let's read the spelling with me.
C　Y-O-S-U-K-E. YOSUKE!（声に出して名前の綴りを全体で確認する）

　最後に本単元のテーマにつなげます。普段目立たない子どもの名前を出題すると，クラスの目がその子に向き，４月の「よりよい人間関係づくり」にもつながります。

（尾形　英亮）

5年

道徳はどんな勉強の時間か，みんなで考えよう！

 授業の概要

　2018年度から，道徳が「特別の教科」になり，教科書が無償配布されます。道徳授業の再出発です。子どもたちも，新しい教科書を手にして，「どんな勉強が始まるのだろう」という期待を抱いていることでしょう。

　そこで，道徳の授業開きでは，1つの内容項目を扱っている教材を使うのではなく，道徳授業のオリエンテーションと位置づけて，子どもたちの学習意欲を高めることを目標にした授業を実施してみましょう。

　まず，子どもたちには，「道徳は，どんな勉強をする時間なのか」を考えさせます。次に，「道徳では，答えが1つではないこと」を，実感を伴って理解させます。

　そして，授業の終盤には，教科書の中身を読んでみましょう。新しい教科書を手にした子どもは，「早く読んでみたい！」という思いをもっています。教師が特に読ませたい話（教材）を1つ決めておいて，読み聞かせをするのもよいでしょう。

 授業の課題

　道徳は，どんな勉強をするのか，国語や算数のように1つの答えがあるのか考えよう。

授業のねらい

道徳の学び方を知り，これから1年間，一生懸命に道徳を学んでいこうという意欲をもつことができるようにする。

 授業展開

❶道徳授業の意味を考える

黒板に【道徳】と漢字で書き，「読めますか？」と尋ねます。
そして，読み方（どうとく）を確認します。

T 道徳って，どんな勉強をする時間なのでしょうか？
C 友だちを大切にする勉強。
C 正しい行動について学ぶ時間。
C 人の気持ちとかを考える時間。

　ここで，上記のような発言や具体的な教材名などの返答がある学級は，前担任がしっかりと道徳授業を実施してきた学級です。前年度までの学びのうえに，さらに確かな授業実践を積み重ねていきましょう。

T 私（先生）が考える道徳は…，（黙って板書する）
　【心をどう使うのかを勉強する時間】
　みんなで一緒に読んでみましょう。（さん，はい）
　道徳は，週に1時間，1年間で35時間あります。みんなで一生懸命考えて，たくさん意見を出して，楽しい時間にしていきましょう。

5年

❷場面絵を見て、考え発表する

　道徳には、国語や算数のように、はっきりとした正解はありません。でも、だからといって「答えがない」のではありません。真実は、確かにあります。答えは、1つではないのです。

　子どもたちに、「道徳の勉強では、答えは1つではありません。みなさんが一生懸命に考えた答えであれば、全部正しいのです。だから、道徳の時間には、全員が発表できます（してもらいます）」と話します。

　例えば、1枚の絵や写真を提示して話し合ってみましょう。

　右の絵は、川を人間に汚されて泣いているカッパです。本稿ではこのイラストを例に論じますが、実際の授業では教科書教材の中から道徳的な論点を含んだ場面絵を選んで提示することもできます。

T　この絵を見て、気づいたことを発表しましょう。
C　カッパが泣いている。
C　大泣きして、足もとに涙のみずたまりができている。
C　友だちとけんかでもしたのかな。
C　けんかしただけでは、こんなに泣かないはずだ。もっとつらいことが…。

　教師は、子どもの発言を聞きながら、出された意見を板書で整理していきます。

T　もっとつらいことって、例えばどんなことかな？

C　家族と離れ離れになった。独りぼっちのカッパ。
C　敵が襲ってきて，住む場所がなくなって，帰る家もない。
T　カッパの敵って？
C　わかった！　人間だ。人間がカッパが住んでいるきれいな川や汚して，カッパが住めなくなってしまったのかも。

　以上のような意見交流を通じて，1枚のカッパのイラストから道徳的なテーマへと子どもたちの学びを導いていきます。

子どもが考えたくなるような教材で，自然に道徳的なテーマに導く。

　前述したように，この時間は1つの内容項目を扱った授業ではありません。このような話し合いを通じて，
　「道徳の時間は，みんなが発言できる」
　「道徳の答えは1つではない。一生懸命に考えた答えなら全部正しい」
ということを，実感として理解させていきます。

❸新しい教科書をめくってみる

　入学して5年目にしてはじめて手にする道徳の教科書です。毎時間，教科書教材だけを使って授業をするわけではありませんが，主たる教材として全国の教室で使用される教科書です。教科書の無償制度についても説明をして，感謝の気持ちでていねいにページをめくってみましょう。
　子どもたちは，道徳のお話を読むのが，結構（？）好きです。授業終盤に，各自静かに教科書を読む時間を10分間ほど取ります。授業終了5分前になったら読むのをやめ，道徳ノートやワークシート・感想用紙などにこの時間に考えたことを書き留めておきましょう。年度末の評価のことも考えて，簡単でかまわないので授業の記録を残しておきましょう。　　　　（佐藤　幸司）

6年

表現を工夫しながら
グループで連詩をつくろう！

授業の概要

　6年生は，学びの集大成となる学年です。そこで，これまでの学びを生かしながら6年生の国語が意欲的に始まるような授業を目指します。この授業は，教科書に掲載されている詩で表現技法を押さえ，グループで他者とかかわり合いながら創作することのよさ，声を出して詩を読むことのよさなどを実感するというものです。高学年では創作することや声を出すことが苦手な子どももいますが，授業開きで手を打つことで，「自分もできるかも」「今年の国語の授業は楽しいかも」という気持ちをもてるようにします。

授業の課題

　表現の仕方を工夫し，連詩をつくろう。

授業のねらい

　グループで話し合いながら連詩を創作することを通して，言葉と言葉のつながりや表現技法の効果をとらえることができるようにする。

授業展開

❶詩のクイズを行う

　6年生になるまでに学習したものを含めて，数篇の詩を配布します（表現技法がわかりやすいものにします）。それらの詩の中で，前後のつながりから予測することができる一部分をマスキングし，そこに入る言葉は何かを考えさせます。すべての答えを確認したら，音読させます。（15分程度）

T　6年生になってはじめての国語の授業ですね。今から，何篇か詩を配りますね（詩1篇につきB5の用紙1枚。パソコンで打って作成しておく。学級の実態に応じて3篇〜5篇の詩を配布）。
C　これ，前にやったことある！
T　そうです。配布した詩の中には5年生までに学習した詩も含まれています。他に何か読んでみて気がついたことがある人はいますか？
C　詩の中に■で隠されているところがあります。
C　何が入るか覚えているのもあるなぁ。
T　詩は，心が動いたことや見たこと，感じたこと，考えたことなどを表していることが多いですね。前後の文のつながり，全体から考えると■に何が入るか見えてくるかもしれませんね。
T　それでは，個人で考える時間を3分，ペアで考える時間を5分とります。そのまま用紙に書き込みましょう。

この授業で用いる詩ととらえさせたい効果の例

・いちばんぼし（まど・みちお）…比喩
・ふしぎ（金子みすゞ）……………リフレイン
・春の子ども（門倉訣）……………擬態語，（擬人法）
・たんぽぽ（川崎洋）………………呼びかけ，（アナグラム）

6年

❷連詩をつくる

　表現の工夫（効果）を簡単にとらえさせた後で詩の創作に移ります。「6年生」という書き出しが決まっているワークシートを配布し，4人1組になって連詩をつくります。共通の書き出し，共通のテーマなので，困ったときには他のグループを参考にすることもできます。

T　ここからは，詩をつくります。ただし，1人ではつくりません。4人1組で力を合わせてつくります。「連詩」といって，リレーしていくやり方で書きます。

POINT
詩の表現の工夫で取り上げたものを短冊にして掲示する。また，連詩のつくり方は板書し，いつでも確認できるようにしておく。

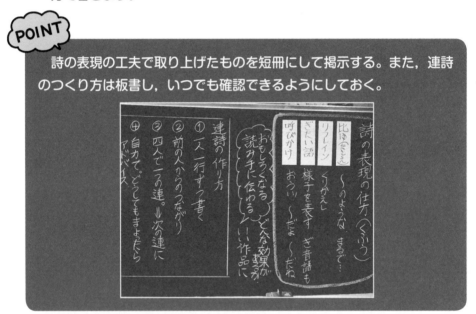

T　まずは，連詩のつくり方（次ページ参照）について説明します。
　グループで協力して書くということがわかったと思います。さて，どんなことに気をつければ作品ができますか？
C　前の人が書いた文とつながりをもたせればいい。
T　そうですね。つながりが大事になりますね。

C 表現の工夫をする。
C 気持ちが入るようにする。
T 今日確認した表現の工夫を入れたり，どんな気持ちなのかがわかるように書いたりしていくといいですね。

連詩のつくり方
・1人1行ずつ書く。
・前の人からのつながり（どんなことを考えて書いたのか）を大事にする。
・4人で1つの連ができ上がるようにする（詩の創作に慣れている場合の指定）。
・迷っていたらアドバイス。まずは，自力で考える。

❸つくった詩を紹介し合う
　つくった詩を紹介するために，大きめの用紙（四つ切り画用紙を裁断し，横につなげたもの）に清書します。できあがった各グループの詩は，黒板などに掲示します。これまでグループで活動しましたが，最後は個に返して，グループごとの詩のよいと思った点や，活動の感想を書きます。

T 連詩をグループでつくってみてどうでしたか？
C 難しかったけど，どうやってつなげば詩になるか考えてできました。
C 表現の工夫をどうするか，みんなで考えることができてよかったです。
T 最後に，自分たちでつくった詩を声に出して読んでみましょう。

最後に創作した詩を音読させ，声にして読むことのよさを実感させる。

（弥延　浩史）

「とってちってた」って何？

6年

 授業の概要

　谷川俊太郎さんの詩「かっぱ」を教材に，言葉とかかわることのおもしろさ，楽しさを味わわせる国語授業開きのネタです。

　まず，早口言葉のように「かっぱ」の音読，速読に挑戦させます。読んでいるうちに子どもはその内容を考えていきます。しかし，一連の最後にある「とってちってた」の意味がとらえづらく，疑問をもつ子どもが出てきます。

　字面，語感，文脈等々から「とってちってた」の意味を推しはかる話し合い活動に取り組ませます。

　最後に，童謡「おもちゃのチャチャチャ」（野坂昭如作詞）の歌詞を提示します。「なまりのへいたいトテチテタ　ラッパならしてこんばんは」に「トテチテタ」「ラッパ」を読んだ子どもは，「とってちってた」「トテチテタ」が「ラッパ」の音を表すオノマトペであることに気づきます。

　言葉に着目すること。文脈から考えること。複数の情報を関連づけて考えること。新学習指導要領が目指す学び方の一端を体験させる授業開きです。

 授業の課題

「とってちってた」は何を表しているのだろう。

授業のねらい

文脈を手がかりに推しはかったり，話し合ったり，情報を集めたりしながら言葉について考える楽しさを味わわせる。

 授業展開

❶「かっぱ」を音読する

「かっぱ」の全文を提示し，音読させます。リズムよく，徐々にスピードアップしながら，繰り返し読みます。

T 今日は，谷川俊太郎さんの「かっぱ」という詩を読みます。まず，1人で小さな声で読んでみましょう。
C 楽しい詩だね。スキップしてるみたい。
C 一文字おきに小さな「っ」が出てくるからだね。
T 今度は，手拍子に合わせて，リズムよく全員で読みますよ（手拍子を打ちながら斉読させる）。もう1回。だんだんスピードを上げますよ。
C 早口言葉みたいだ。早すぎて，文字を見ながらだと追いつかないよ…。
T かっぱの行動を思い浮かべながら読むと，言いやすいかもしれませんよ。

意図的に「とってちってた」の意味へと目を向けさせる。

C 思い浮かべようとしても，「とってちってた」ってところは何をしているのかわからない…。

❷「とってちってた」の意味を考える

　「とってちってた」に着目した発言を取り上げ，全体の関心を「とってちってた」の意味を推しはかることへと向けていきます。

T　「とってちってた」の意味がわからないんですね。他の部分はわかりますか？

C　一連は，河童が，ラッパをかっ払ったんだよね。どろぼうだ。

C　二連は，河童が菜っ葉を一把買って，切って，食べたんだよね。

T　そうなると，「とってちってた」だけがわからないのですね。

C　予想なんだけど，「とってちってた」の「とって」はラッパを「とる」ってことだと思うんだ。

POINT

　自由な発想を口に出せることを大切にするため，小さなアイデアを取り上げ，学級全体に広げていく。

C　じゃあ，「ちってた」は？

C　「散って」だったら，河童が何匹かいてバラバラに逃げたってことかも。

❸「おもちゃのチャチャチャ」と関連づけて読む

　「トテチテタ」は大正期から用いられるようになったラッパの音を表す擬音語です。ですから「かっぱ」の一連では，河童はかっ払ったラッパを吹き鳴らしているのです。しかし，その様子は「かっぱ」の作中の言葉だけから読むことは困難です。

　そこで，童謡「おもちゃのチャチャチャ」の歌詞との重ね読みをさせ，2つの作品の情報を重ね合わせることで「とってちってた」の意味を見いださせていきます。

T　実はね「とってちってた」とよく似た表現を使っている童謡があるんです。ヒントになるかもしれないので，これから歌詞のプリントを配りますね。

C　本当だ。「なまりのへいたい　トテチテタ」って書いてある。

C　その次は「ラッパならして」だよ。こっちもラッパだ。

C　じゃあ「トテチテタ」は，ラッパの音なんじゃないかな。「なまりのへいたい」も「かっぱ」も，ラッパを吹いているんだ。

C　じゃあ「とってちってた」を音読するときは，ラッパを「パッパッパーッ」って吹くような，明るくて元気のいい感じになるんだね。

T　1つだけでは意味がわからなかった言葉も，他の作品や場面で出てくるときにどのように使われているか，関連づけていくと意味がわかってくることがあるんですね。

　国語の勉強は言葉の勉強です。言葉の様々な意味，使い方，考え方を学びます。たくさんの文章を読んだり，書いたり，話したり聞いたりすることを通して，「よりよい言葉の使い手」になることを目指すのが，国語の勉強です。

　今日「とってちってた」の意味を追究したように，考え，話し合い，様々な情報を駆使して，学びを深めていきましょう。

POINT

　本時の学びを価値づけるとともに，国語の授業を通して学ぶこと，学ぶ意義を伝える。「よりよい言葉の使い手」など，一年を通じて国語の授業・日常生活で言葉と向き合い，言葉の力を高めていくことを意識づけるキーワードを織り込み，今後も継続して使っていく。

（井上　幸信）

算数

6年

「学級の心」が入った宝箱はどれ？

 授業の概要

8つの同じ宝箱の中に1つだけ本物の宝が入っており，その箱は偽物よりほんのわずかだけ重いという場面設定です。本物を見つけるために使うことができる道具は，てんびんのみ。てんびんの使用回数をできるだけ少なくして，本物を探すという問題です。

「てんびんを使う回数が違っても，だれもが解決することができるため，集中力を持続しやすい」「ペアトークなどを取り入れることで，考えを交流する（表現したり，聞いたりする）ことができる」といった点で，子どもや学級の様子をつかむのに適した教材と言えます。また，この教材は多くの学年で扱うことができますが，6年生で取り組む場合，「理由」を様々な方法（具体物，図，言葉など）で友だちに伝えさせることが大切になります。

 授業の課題

「学級の心」を入れた宝箱が，まったく同じ形のいくつかの箱の中に紛れ込んでしまいました。わかっていることは，「学級の心」が入っている宝箱がほんのわずかだけ，他の箱より重いということ。使うことができる道具は「てんびん」のみ。さて，みんなは大切な「学級の心」を取り戻すことができるでしょうか。

授業のねらい

　友だちの考えを聞いたり，意見を交換したりしながら，「学級の心」の入った宝箱をできるだけてんびんの使用回数を少なくして見つけるとともに，その見つけ方を図などを用いて説明できるようにする。

授業展開

❶問題を把握し，自由に考える

　子どもたちと考えた「学級の心」。それを入れた箱が右のような状態でどれかわからなくなってしまったことを子どもたちに伝え，場面の設定を説明します。

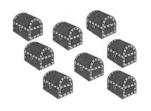

T　みんなの大切な「学級の心」が入った箱が，どれかわからなくなってしまいました。なんとか見つけたいのですが，使えるのはてんびんだけです。どうやって見つけますか？

　自由に考える時間をとり，考えをノートに書かせる。「できるだけ少ない回数」ということはまだ伝えない。

C　2つずつ取り出して比べていけば，わかると思うよ。

T　じゃあ，何回量ればいいの？
C　４回量ればわかるよ。
T　この考えがわかる友だちはいるかな？

考えを発表した子とは違う子にその考えを説明させることで，学級の「聞く」力を把握する。

C　こんなふうに量ればわかるとAさんは言っていると思います。

C　なるほど！　こうすれば「学級の心」が入った箱を見つけることができそうだね。４回量れば見つけられそうだね。

❷友だちと考えを交流する

　ここでペアトークの時間を取り，友だちと他の考え方はないのか相談させます。教師は，このときもできるだけたくさんの子どもたちの様子やつぶやきを把握するようにします。

T　さっきみんなの考えを見ていると，４回じゃない人もいたね。他の考え方もあるのかな？　ちょっと隣の友だちと相談してみてよ。
　　（相談の時間を取る）
C　３回でもできるかも。
T　どういうこと？　説明してみて。
C　もし，てんびんに宝箱が４個ずつ載せられたら，重たい方に「学級の

心」が入った箱が入ってる。次に，重たかった方の4個を2個ずつにして量ると，また重たい方に「学級の心」が入っている。最後に，その2個を比べると，どっちかに「学級の心」が入ってるよ。

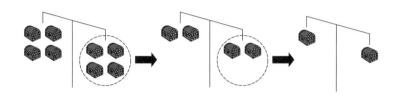

T　すごい！　よく見つけたね。この方法だったら，3回量れば見つけられるね。

POINT

ここで，もっと少ない回数ではできないかなという思いを子どもたちから引き出したいが，もし出ないときは教師側から，「もしかすると，もっと少ない回数で見つけることができるかもしれないよ」と投げかけるようにする。

C　もしかすると，2回でもできるんじゃないかな？
T　本当に？　じゃあ，2回でも見つけられるかどうか，考えてみようよ。もし発見できたらすごいね！

　この後，考える時間を十分に取り，試行錯誤を繰り返させるようにします（3個ずつをまず比べると，2回でできます）。

（千々岩芳朗）

「あたりの条件」を考えよう！

 授業の概要

　子どもたちの学力差の広がってくる6年生。そこで，個人差が大きい計算ではなく，図形で1年間の算数授業のスタートを切ってみてはどうでしょうか。本時は，トピック教材ではなく，教科書の単元「対称な図形」の導入を扱います。「あたりとはずれの入った『アルファベットくじ』を引こう」と投げかけ，当たりのアルファベットの共通項である「線対称」を見いだした後，似て非なるアルファベットで揺さぶったり，既習の図形に広げたりすることのできる1時間となります。ペア活動を有効に位置づけると子どもたちから感嘆の声が上がってきます。そういった子どもたちの学習態度や算数と向き合う姿勢をたくさんほめることが大切です。

 授業の課題

「アルファベットくじ」を引いてみよう。
　あたりは赤字に，はずれは青字になっています。

授業のねらい

あたりとはずれのアルファベットの比較を通して，折り目（中心からの長さ）に着目し，線対称や対象の軸について理解できるようにする。

 授業展開

❶あたりの条件を考える

　くじの中に，あたりとはずれのアルファベットが入っていることを説明し，ゲームを始めます。算数授業に対する硬い構えをほぐし，どの子もまずは授業に意識を向けさせるとともに，「あたりのアルファベットの条件は何か」と徐々に算数の世界へ向かうことができます。

T　それでは，くじを引いてみましょう！
C　はい！　……イエーイ！or ガーン…（これをしばらく繰り返す）
T　終わっちゃいましたね。

あたり　A M Y I　　はずれ　S R K

C　え〜っ，もっとしたかったなぁ…。
C　他のアルファベットも入れたらいいじゃない？
T　他のアルファベットが，あたりかはずれかみんなはわかるの？
C　わかるよ。だってあたりは…。
T　待って。だったら，Tはどっちかな？
C　あたりだと思う。

6年

T ちょっとみんな考えてみよう。Tはあたりでいいのかな？
C あたりのチームは半分で折ったら重なるよ。
C Tも折ったらぴったり重なりました。
C 中心で分けた2つの形が合同になってます。鏡写しみたいに。

❷似て非なるものを考える

　あたりの条件が「1本の直線を折り目としてぴったりと重なるアルファベットの集合」であることを確認します。その後，見方を変えるもの（C・D），似て非なるもの（E）を提示して揺さぶったうえで，線対称，対象の軸を定義し，理解を確かなものにします。

T なるほど，あたりチームの条件は「半分に折ってできた2つの形がぴったりと重なる」ということなんだね。だったらこれはどっちかな？

似て非なるもの（E）を示し，理解を深める。

C 今度は横に半分に折ればぴったり重なるから，全部あたりだと思う。

T 横に折り目を入れてもいいんだね。
C ちょっと待って！　Eは違うよ！
C え !?
C Eは上と下の横棒の長さが微妙に違う！

これじゃぴったり重ならない！
C　本当だ，これならEははずれになるね！
T　Eは危なかったですね。Oはどう？
C　Oは縦でも横でも半分にできます。

T　あたりのチームのように，1本の直線を折り目にしてぴったり重なることを「線対称」といいます。また，そのときの折り目のことを「対称の軸」といいます。

❸「だったら…」から思考の対象を広げる

　線対称という視点でアルファベットを見てきましたが，今度は対象を図形へと広げます。子どもたちに「だったら…」の続きを考えさせ，考え続ける姿勢が算数の授業では大切であるということを伝えます。

T　アルファベットには，線対称になるものとそうでないものがあるんだね。だったら，次にみんなは何がしたい？

「だったら…」を子どもたちに問いかけ，思考の対象を変えるなど，考え続ける言葉を引き出し，価値づける。

C　算数で今までに習った図形で調べてみたい。
C　漢字でも線対称があるか調べたい。
T　すばらしい！　そうやって考えを広げていく姿が1年間ずっと見られるとうれしいです。
C　長方形は線対称で対象の軸は2本かな？
C　円だったら無限だと思うよ！
C　え～っ！
C　だってね…。

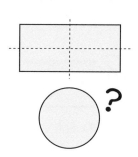

（岩本　充弘）

理科

6年

身近な金属を見つけよう！

 授業の概要

　身近な金属が，電気を通すことをたしかめる授業です。
　これは，3年生で学習した「電気を通す物」の内容ですが，水溶液の学習にも使える重要な内容です。「金属には金属光沢がある」とわかっていることで，実感を伴った理解になります。塩酸とアルミニウムを反応させ，蒸発させると，白い粉ができます。白い色を見ただけで金属ではない物（金属化合物）に変化したとわかるのです。
　この実験は，教科書等に取り上げられていないため，予習して答えることはしにくく，自分の頭で考える体験を積ませることができます。
　まず，金属共通の特徴は，目で見ただけでわかることに気づかせます。そこから，光沢をもつDVD-Rに，金属が含まれているかを考えます。なお，授業開きでは，話し合いのルールなども指導しながら取り組みます。
　準備物は，理科室にある金属類，豆電球と乾電池をグループ分，紙やすり少々，CD-RかDVD-R1枚です。

 授業の課題

> DVD-Rに，金属が含まれているか考える。

授業のねらい

金属には必ず金属光沢があり,電気を通すことを理解できる。

 授業展開

❶金属を見分ける

ピカピカに磨いた金属を提示します。

T　これは,金属でしょうか？　金属だと思う人は,挙手してください。
　　（質問は受け付けず,見ただけで判断するように指示します）
T　これは,鉄という金属です。次,これは金属でしょうか？

　このように,物質名を告げず,見ただけで判断するように指示します。これを,5種類ぐらい見せていくと,金属かどうかがわかってきます。
　このとき,金属だと判断した理由を,ペアで確認します。なお,2人組になったら,両方とも意見を言うようにさせます。その後,全体で「光っている」「ピカピカしている」ということを確認します。科学者は,金属の輝きのことを,金属光沢と呼んでいることを説明します。

❷課題をつかんで話し合う

　次に,DVD-Rの両面をよく見せて,課題を提示します。
　課題をノートに書き,それに対する考えをまとめるように伝えます。ここは1人の作業で,話し合いはしません。「含まれているか」だけでなく,その後に「なぜなら」と理由を書くことを伝えます。最初なので,あまり書け

ない子もいますが，それはそれで認めます。後で書けるようになればよいと
励まします。どちらかに決められない子には，「迷っている」として，含ま
れているという理由と含まれていないという理由を書くよう伝えます。

　数分後（最低でも全員が，含まれている，いない，迷っていると書いてあ
る状態）で，３つのどの意見になるかを挙手させます。その後，迷っている
子から発表させます。最初は，自信のない子に発表してもらいます。

C　迷っています。白い面は金属光沢ではないけど，裏の面は金属光沢のよ
　　うな色をしているからです。でもそれが金属かどうかはわかりません。
C　金属はありません。金属光沢のような色をしていても，金属とは限らな
　　いと思います。
C　金属はあります。金属光沢があるからです。
　　（その後，自信のある子に発表してもらい，やりとりを促す）
C　金属はないと思います。これに金属が入っているとしたら，ポテトチッ
　　プの袋も銀色なので，あれにも金属があることになります。
C　別に袋を食べるわけではないから，金属があってもいいと思います。

　このように，意見に対する意見が出るように，司会をしていきます。ここ
でのポイントは，「金属光沢だけで，本当に金属といっていいの」というこ
とが浮き彫りになるようにすることです。
　話し合いが一段落ついたら，もう一度課題に対する考えをノートに書かせ
ます。早く書き終わった子を数名発表させて，他の子の参考にします。

❸実験で決着をつける
　決着をつける方法を，子どもに尋ねます。子どもたちから「電気を通す」
という意見が出なかったら，教師が出します。

T　それでは，先生が試します。豆電球と電池で，まずつくことを確かめま

す。そして，DVD-Rを回路の間に挟んで…，はい，つきません。
C　先生，そこを紙やすりで削ってみて。空き缶はそうやるとついたよ。
T　了解。はい，削りました。では…やっぱりつきません。
C　金属じゃなかったか…。
T　それじゃ，DVD-Rを解剖します。はさみで切って，パキッと2つに割ります。すると，2枚にはがれます。
C　うわっ，銀色のところが出できた。これは…。

　　　はさみで切る　　　　　　パキッと割る　　　　　　銀ピカの面

　この2枚にはがれたうちの銀色の方を，試すことにします。これを実験にします。班ごとに，豆電球(ソケット)と乾電池を用意させます。その間に，DVD-Rをはさみで切って班の数を用意します。

POINT

> 実験の結果を全体で一斉に出すように，すべての班が準備を終えて，教師の合図を待って行うことを約束します。

　一斉に実験すると，「ついた！」「金属だ！」という歓声に包まれます。片づけをしたら，「結果」と「わかったこと」をノートにまとめさせます。その後，数名に発表させましょう。金属光沢と電気を通すことが結びついてきたという発表があるはずです。
　また，「予想を外してもはずかしくない」というメッセージを，授業開きのときに確実に送りましょう。自分の頭で考えたとき，失敗はつきものです。一生懸命考えた末の間違いは，みんなで温かく見守り，みんなで賢くなっていくことを確認します。

　　　　　　　　　　　　　　　　　　　　　　　　　（宮内　主斗）

6年

地球の歴史の中で
人類の歴史はどれぐらい？

 授業の概要

　地球の歴史に比べて人類の歴史がいかに短いかを子どもたちに実感させるネタです。

　最初に，地球の歴史や人類の歴史で知っていることを発表させます。恐竜のことや猿から人への進化等，子どもたちは喜んで話します。

　次に地球の歴史は約46億年と教え，「この地球の歴史の中で，人類の歴史はどこからスタートしているでしょうか？」と問います。ここでは，ただ単に教室で発表させるのではなく，廊下に巻尺で46m分（1m＝1億年分）を示し，スタートだと思うところに子どもたちを立たせます。ほとんどの子たちは真ん中から1m（1億年前）ぐらいのところに立ちます。「答えはここです」と言って，4～5cm（400万年前～500万年前）付近を指すと子どもたちは「こんなに人類の歴史は短いの？」と驚きます。

　最後にお札にかかわる歴史人物クイズをします。今につながる歴史人物が多く活躍していたことを伝え，興味をもたせて授業を終えます。

 授業の課題

　地球の歴史は46億年と言われている中で，人類の歴史はどこからスタートしているか考えよう。

授業のねらい

　地球の歴史と人類の歴史を比べることを通して，地球の歴史の長さ及び人類の歴史の短さを知り，人類の歴史について興味をもつことができるようにする。

 授業展開

❶地球の歴史や人類の歴史について知っていることを発表する
　最初に地球や人類の歴史について，子どもたちの知識を引き出します。発表から，その情報を共有化し，歴史に対する興味を高めます。

T　6年生でみんなは「歴史」を学習します。地球の歴史や人類の歴史でどんなことを知っていますか？
C　地球には恐竜がいた時代がありました。
C　縄文時代というのがあって，人々は狩りや漁をしていました。教科書にも絵でかかれています。
C　大昔にはマンモスがいたという絵を見たことがあるよ。
C　前にテレビで見たんだけど，「ビッグバン」という大爆発から宇宙が始まったらしいよ。
C　うん，何億年も前の大昔から宇宙も地球も存在していた。
T　どうやら地球の歴史も人類の歴史も相当長いみたいだね。

❷地球の歴史のうち，人類誕生がいつか予想する
　46億年の地球の歴史を46mの長さに表します。あらかじめ50mの巻尺を準

備しておきます。子どもたちには、自分の予想の場所に立たせます。

T 地球は今から約46億年前に誕生したと言われています。1mを1億年とすると何mになりますか。そうです。46mですね。今から、廊下に巻尺で46m分を置いてみます。
（子どもたちと廊下に移動。現在から46m分を測る）

C わー、長いなぁ！

T 少し先生が歩いてみましょう。ここが現在です。スタートです。1mのここが1億年前。（歩いてから）ここが10mで10億年前。23mのここでちょうど真ん中です。そして、ここが46mで46億年前の地球が誕生したころです。

T では、人類の歴史はどこからスタートしたのでしょうか？ 予想を発表しましょう。

C 10億年前ぐらい。

C もっと古くて真ん中の23億年前ぐらい。

C いや、もっと近いと思う。2億年ぐらい前だと思う。

T では、自分の予想した場所に立ってみましょう。

C （わいわい言いながら移動）

T それでは、答えを言います。
（46m＝46億年前のところから歩き始める）
約40億年前…海が誕生しました。
約22億年前…最初の氷河期でした。
約10億年前…多細胞生物が出てきました。
（説明する場所で止まって話す）。

T 約5億年前…昆虫が出てきました。
約1億年前（1m）…恐竜の全盛期です。
実は、人類が誕生したのは、1mよりもはるかに短い4cm〜5cm（400万年前〜500万年前）なのです。

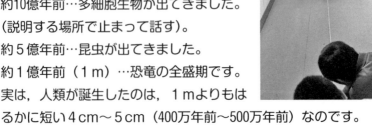

> **POINT**
> 地球の歴史に比べて人類の歴史がいかに短いかを実感させる。

C そんなに短かったんだ！
T そうです。教科書を見てみましょう。縄文時代のくらしの様子が絵に出ています。何年前ですか。そうです。約5500年前です。それはこの巻尺の0.1mmにも満たないのです。

❸お札の人物の写真から、現代にも歴史人物が関連していることがわかる

野口英世、樋口一葉、福沢諭吉の写真を示し、歴史とお札の関係を予想させ、歴史人物に興味をもたせる。

T 人類の歴史は短くても、今まで多くの人々が活躍をしました。（3人の写真を示して）だれでしょう？
C 知ってる！ 野口英世だ。
C あとは、福沢諭吉と樋口一葉。みんなお札になっている人物です。
T そうですね。共通するのはお札に描かれているということです。では、どのような人物が選ばれるのでしょうか？
C きっと何かすばらしいことをした人が選ばれる。
T では、何をしたのでしょうか？ まだわかりませんよね。これから歴史の学習で学んでいきましょう。楽しみですね。

> 歴史人物に興味をもたせて授業を終える。

（佐藤　正寿）

6年 日本の歴史の長さは0.15mm!?

　授業の概要

　6年生の社会科の基礎知識として必要な「年表」「時代名」「歴史人物」について，少し楽しく知的に遊びながら学習を展開します。最初は，1枚の長いテープを黒板に貼り，地球ができてから日本に人間が登場するのはいつ頃か考えさせます。次に，縄文時代から平成まで時代名を教え，時代名クイズにチャレンジさせます。最後に，学習指導要領に示された42名の人物の絵を見せて，一番興味がある人物を選ばせます。なお，学級開きまでに教室に歴史年表を掲示しておくと，より子どもに興味をもたせることができます。

　授業の課題

日本の歴史について，自分なりに興味のあることを見つけよう。

　授業のねらい

　地球の歴史の中で，人間の歴史はほんのわずかであることやいろいろな時代があったことに気づかせ，日本の歴史に興味と期待をもたせる。

授業展開

❶日本の歴史の長さを予想する

　黒板には，長さ4.6mのテープを貼り，そのうえで「地球は生まれて何年だろう？」と問い，次のようなプリントを配ります。

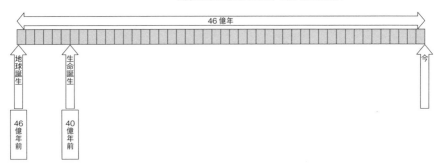

T　約46億年前に地球は誕生しました。では，日本に人間が登場したのはどのあたりでしょうか？　パッと思ったところに，自分の名前のプレートを貼りましょう。
C　真ん中より右だろうけどね…。
C　今に近いのかな…。

　いろいろつぶやきながら子どもたちは名前プレートを貼ります。すべての子どもたちの予想ができたところで，次のように言います。

T　答えは，ほぼ「今」のところです。人類（ホモサピエンス）の登場が約20万年前。そして，日本に人類が移動してきて，その後地球が暖かくなり海が広がり，日本が大陸から離れ縄文時代が始まったのが，約1.5万年前。これから，学習していくのは0.15㎜の時間のことです。

6年

❷時代名クイズにチャレンジする

次に，時代名クイズを行います。

T この15,000年の間には，いろいろな時代があり，名前があります。どんな時代があるか知っていますか？
C 江戸時代，奈良時代，縄文時代…（思い思いにつぶやく）。

じゃこあなへ　かむあえめたし

このように板書し，呪文を唱えるように覚えさせます。

T みんなで読んでみましょう。

最初に教師が読んで聞かせてから子どもたちにも読ませ，文字を示しながら，「じ　じょうもん」「や　やよい」「こ　こふん」というように読む。

T 呪文ですから暗唱します。10回は読んで，覚えられたら座りなさい。

POINT
最後に全員で呪文を唱え，プリント（次ページ）に挑戦させる。

C なんだこれ？
C このイラストは先生がかいたんですか？
C 難しいよ…。
T □□（戦国）以外の時代名をひらがなでもよいから書きましょう。教室に貼ってある年表を見てもかまいません。1問100点。全部合っていた

ら1400点です。時間は1分。
T　答え合わせをします。最初は，縄文時代…。
T　自分の点数をつけなさい。

❸印象に残った歴史人物を選ぶ

次に，日本の歴史学習に登場する主な人物を子どもたちに電子黒板で紹介していきます。名前を示し，絵を見せるだけでよいでしょう。全部で42名です。

そのうえで，できれば，黒板にすべての絵カードを提示したいところです。

最初に提示したテープの裏に時代区分を書いておき，裏返し，その後人物カードを時代別に分類していきます。

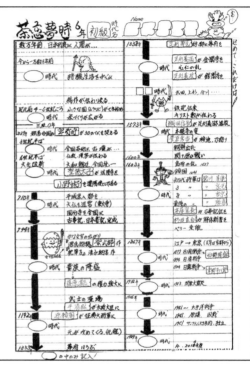

T　何か，これを見て思ったことはない？
T　さて，これら42名の中で一番印象に残った人物はだれですか？

　理由はなんでもよいので，1分間で決めて，ノートに名前を書かせます。1分後，一人ひとりに選んだ人物の名前を発表させ，授業を終えます。

（長谷　博文）

6年

音符の名前や記号の意味を覚えよう！

 授業の概要

　最高学年の6年生。これまで学習してきた音符や記号の名前や意味を，確実に覚えて中学校に進んでほしいものです。覚えにくい音楽用語を楽しく覚える方法を考えました。

　カードを1枚ずつ提示しながら声を出す活動では，8ビートのリズムにのって，スピードを速くしていったり，記号の意味の通りに声を出させたりすることで，飽きずに何度も練習させることができます。

　子どもに配るカードは，音符カード10枚・休符カード10枚・記号カード10枚用意しておきます。必ず，音符と音符名（記号と意味）が違うものを用意します。グループで協力しながら，自分のカードの前後につながるカードを探す活動を通して，名前や意味を覚えていきます。基本は，1人1枚カードを持ちますが，タイムレースでカード枚数が同じになるように，2枚配るなど工夫してください。継続して行うことで，確実に覚えられるようになり，タイムもどんどん上がります。授業の最初の5分などを使って，長い期間で取り組んでみてください。

 授業の課題

> カードを使って，音符や休符，記号の名前や意味を覚えよう。

授業のねらい

自分のカードとつながる相手を探す活動を通して、音符の名前や記号の意味を楽しく覚えることができる。

授業展開

❶カードで音符や休符・記号を覚える

パワーポイント（フラッシュカードでも可）で1枚ずつ提示しながら、音符や休符の名前を覚えていきます。全員でリズムにのって大きな声で読むことが大切です。キーボードなどで8ビートのリズムを鳴らしながら、だんだんスピードを上げていくと（♩＝120ぐらいから始めて、♩＝150ぐらいまで）飽きずに何度も練習できます。記号は、それぞれ意味があるので、その意味の通りに声を出すことで、名前と意味を同時に覚えていきます。

T では、音符カードいきます。（1枚ずつカードを提示する）
C 全音符，付点2分音符，2分音符，付点4分音符…（8ビートのリズムにのって読む）

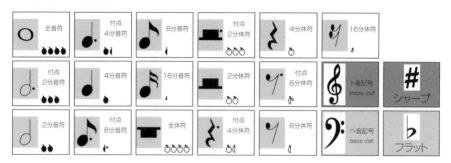

6年

T　だんだんスピードを上げますよ。ついてきてくださいね。
　　（少しずつスピードをあげながら，何度も繰り返す）
C　速い〜！
T　次は記号バージョンにいきましょう。今度は，それぞれの記号に意味があるので，その意味の通りに声を出して読んでください。
C　デクレシェンド（だんだん声を小さくして読む），クレシェンド（だんだん声を大きくして読む），フォルテ（大きな声で読む）…

POINT

全員で読んだり，男女で交代に読んだり，1人ずつ読んだり…と，いろいろな読み方で読むことで何度も練習させる。

❷グループで練習する

　3グループ（音符バージョン・休符バージョン・記号バージョン）に分け，ひとり1枚ずつカードを配ります。それぞれのグループで円になって自分のカードと友だちの持っているカードでうまくつながる組み合わせを探します。制限時間をつくると，声をかけあいながら必死で探す姿が見られます。

T　3つのグループに分けます。カードを配るので，それぞれのグループで円になって集まりましょう。
C　ピンクのカードの人，こっちに集まって！

T 自分のカードとうまくつながるカードを探してみましょう。制限時間は5分です。用意，始め！
C 全音符の人，私のとなり！
C やや弱くって書いてあるから，僕の次はメゾピアノの人！

♪ 8分音符 のように，カードは音符と音符名が一致していないものを配る。友だちと声をかけ合いながらつながる相手を探す。

❸タイムレースをする

どのようにつながるかある程度分かったところで，一度着席させます。それぞれのグループの先頭の人を指名し，黒板に横一列に貼る時間を計ります。貼り終わったら，全員でうまくつながっているか確認します。

T では，タイムを計ってみましょう。青グループ○○さん先頭で，用意，始め！
C できました！
T 1分40秒。なかなか速いですね。確認しましょう。うまくつながっていますか？
C OK！
T では，次は黄色グループ。
　（同様に3グループ行う）
T 一番速かったのは青グループです！　次の時間もやってみましょう。
C 次は1分切れるようにがんばるよ！

（裏谷　順子）

ミラクルレンズで春の光を楽しもう！

授業の概要

　高学年のハートに火をつけるツールとしてICTは効果的です。スタートダッシュに活用しましょう！　紙コップをベースにして，色セロファンやミラーシート，トレーシングペーパーなど，透過性や反射性のある身近な素材を用いて「レンズフィルター」をつくります。これがミラクルレンズです。これをデジタルカメラに装着して撮影してみると…。まぶしい春の光が，思いもよらないイメージをつくり出します。光とレンズフィルターの偶然の出会いによって生まれる色や輝きのイリュージョンが，子どものワクワクと，自然に対する新たな見方を引き出します。

　デジタルカメラは何度でも撮り直すことができます。撮影後によいものだけを残して削除することもできます。高学年らしい，よりよいものを目指して追究する姿や，自分らしいこだわりに応じることができる道具といえます。

授業の課題

　透過性や反射性のある材料のよさを生かして組み合わせ方を工夫して，春の光をとらえるための「ミラクルレンズ」をつくろう。
　「ミラクルレンズ」とデジタルカメラを組み合わせ，光の感じや変化を味わいながら撮影しよう。

授業のねらい

透過性や反射性のある材料の組み合わせ方を工夫してレンズフィルターをつくり，それを用いて周囲の光の変化を試しながら，そのよさや美しさをとらえ写真に表すことができるようにする。

 授業展開

❶素材と出会う

　まず素材に触れさせ，そこから光を体感するようにします。色セロファンや透明なビニール，ホログラムシート，ミラーシートなどを10cm角程に切っておいたもの，レンズシート（凹角型レンズ，これは42個のレンズが1枚になったものです。切ることで42人分となります。1000円〜1500円），その他スパンコールなど透過性や反射性のあるものを用意します。

まずは，素材に十分に触れさせて気づきを促す。

C　色セロファンは世界の色が変わるぞ！
C　このレンズ，風景がゆがむよ！
C　ホログラムシートとミラーシートを重ねるとキラキラ光るよ！
T　みんな，もうすでにこれらの材料を組み合わせたりして，光や色の変化を楽しみだしているね。これらの材料の特徴は何だろうね？
C　透明だったり，キラキラ光ったりする材料かな？

6年

T なるほど。透明とキラキラで仲間分けできる？
C できるできる。色セロファンとこのホログラムシートなどは透明で…。
T さぁ、これらの材料の特徴を生かして、今日は「光」を楽しもう！

❷レンズフィルターをつくる

　紙コップを渡します。準備が可能であれば底の部分をくり抜いておきます。無理ならば子どもに切るように指示をします（デジタルカメラを大型ディスプレイ等につないで、直接映せるようにすると効果的です）。

T この紙コップを使ってね、光を楽しむ装置をつくろう。レンズフィルターっていうよ。こんなふうにカメラのレンズ部分につけよう。そして例えば、このコップの中に色セロファンを入れてみると…。
C あっ、さっきみたいに風景の色が変わって写真が撮れるんだね！
T そうだね。カップの中をどうするか。材料の組み合わせを考えて自分だけのフィルターをつくって春の光を楽しもう！

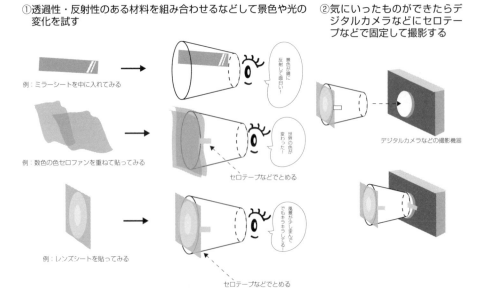

T どう？ どんな感じになった？
C 長くしてみたらきれいになるんだけど，視界が狭くなってしまって…
T あっ，でも外の風景や光は十分に入ってくるね。ミラーシートを丸めて使ってるところですごく反射してるから視界が狭い感じはしないけどな。「新しい風景」って感じがするよ。

紙で筒をつくるなどして紙コップをつなげ，おもしろい視覚効果をねらっています

素材の組み合わせ方，光の入り方や変化のおもしろさなど具体的に評価する。

❸屋外で撮影し，一番よいと思うものを選ぶ

ある程度，試行錯誤が深まってきたら適宜屋外で撮影をするよう促します。

この「試し撮り」が，自己の学び（作品）の振り返りとなり，さらなる試行錯誤の深まりが生まれます。なお，屋外での活動では安全に十分配慮しましょう。

（笠　雷太）

小さな宇宙

6年

模擬家族で，家庭での自分のあり方を考えよう！

 授業の概要

　この題材では5年生で学習してきたことを踏まえ，自分の生活時間のあり方をとらえ直し，朝食づくりや家庭実践題材へとつなげていきます。

　生活時間を見直すことは，「当たり前」になっていることを変えることを意味するため，問題を見いだすことに必要感をもたせることが難しいです。さらには習い事や家族の生活が絡むため，問題を見いだしても，1人では生活を変えられないこともあります。

　そこで，本題材では，模擬家族と称し，2人1組で将来働いた際の家庭生活の過ごし方を考えさせます。さらに架空の小学6年生を含めた3人の暮らしを考えさせることで，自分の生活は，家族の時間や家事の時間も含めた家族の生活の一部であること，家族のためにできることがあることに気づかせ，よりよい時間の使い方を考えられるようにします。

 授業の課題

> 　隣の人とペアになります。さらに架空の6年生を入れた3人を模擬家族とします。家族全員が満足するためにどのような生活時間にしますか。家事の分担や一緒に過ごす時間の作り方などペアと考えをまとめましょう。

授業のねらい

自分の生活は家族の生活の中で成り立っていることに気づき，家族の一員としての時間の使い方や家族で過ごす時間について考えを深める。

 授業展開

❶自分の将来の働き方の望む形を考える

　日本の労働時間は海外と比べても長いこと，男女で大きく異なることを伝えます。そのうえでどのような働き方がよいかを問います。職業生活と家庭生活が合わさって生活が成り立っていることに気づかせます。

T　例えば，自分の好きな仕事をたくさんする働き方と，家族と過ごしたり趣味の時間を大切にしたりする働き方とどちらがよいですか？
C　趣味や遊びの時間も大切にしたいなぁ。
C　若いうちは仕事が大変って聞いたから家庭の時間はないでしょ。
C　（女児）充実した働き方をしたいから男性にも支えてほしいな。
T　では，みなさんが満足する生活はどんな形でしょうか？　今から隣同士でペアをつくり「模擬家族」として生活時間を考えてもらいます。

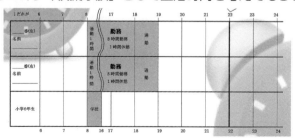

6年

❷生活時間表に生活時間タスクの付箋紙を使って振り分けを考える

　家事の平均時間を示し（資料），分担を考えやすくします。また，主要な家事を印刷した付箋シートを活用し，記入させていきます。

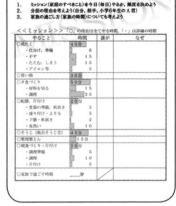

T　今回はみんなが同じ時間働くとして考えましょう。家事はせめて10時ごろには終えられるといいですね。

C　料理苦手だからなあ，買い物はするよ。

C　じゃあ洗濯と掃除もお願いね。

C　そんなにしなきゃいけないの？　やだー。

C　私も仕事はしたいし，しょうがないよ。

C　じゃあ，食事の片づけと服をたたむのは6年生にやってもらおうよ。

T　みなさん，家事も大切ですが，それだけで満足な生活になりますか？

POINT
家族で過ごす時間や自分の時間はどれだけとれているか確認させる。

C　あっ，うちは自分の時間はあるけど，家族がほとんどバラバラだ…。

C　じゃあ，掃除は毎日しないで週末の朝にみんなでやればいいんじゃない？

C　分担しないとやることがたくさんあるね。

C　食事の用意や片づけは，みんなで家事をやりながら話すこともできるね。

❸6年生に家事を分担した理由を問う

　6年生に任せることの意図を聞くことで，様々な考えがあることに気づき，家族の気持ちや一員としてできることは何かを考えていきます。

C　働く時間が同じだし，家事も平等にしようとなりました。でも，やることが結構多くて。朝に掃除をしている相手の家族を参考にしました。

C　うちは職場からの帰り道で買い物をしたり6年生に連絡をして買ってもらったりして，家族の時間を負担なくできるだけとれるようにしました。

T　6年生の分担について他の人はどうですか？　理由も教えてください。

POINT

6年生に分担させた気持ちから，自分の生活について再度見直させる。

C　やってくれると助かるから，自分の分の洗濯物をしまうとかお願いした。

C　実際ぼくも買い物のおつかいはしているから，買い物をさせたよ。

C　継続するのも大変だから，食事の準備と片づけを一緒にやることにした。

C　私は家でも「子どもの仕事は勉強すること」と言われているし，習い事もあるから，そんなに6年生にやらせなくてもいいんじゃないかな。

T　家族が満足する生活を考えられたね。では自分の生活は分担させた6年生と同じかな？　自分の生活をよりよくできるところはあるかな？

C　自分の時間しかないなあ。食事の準備と片づけをしながら一緒に過ごす時間も大切にしてみようかな。

　次時には，家族に生活時間や小学生の私たちにしてほしいことをインタビューしたり，自分の生活を見直して家庭実践につなげたりしていきます。

　家の人のインタビューから物をしまう，片づけるなど自分のことを行うことでも家族のためになることに気づいていきます。

（佐藤　　翔）

6年

ペアで見合い，伝え合い，マット運動を上手になろう！

 ### 授業の概要

　マット運動は，新しい技ができるようになったり，技のできばえを高めたりすることに喜びを感じる運動です。また，できるようになった技を組み合わせたり友だちと合わせたりすることで，楽しさを広げることができます。

　一方で，運動が得意でない子は，マット運動への怖さや学習への不安も感じています。その原因の1つに，運動をしているときに自分の体がどうなっているのかを自分で見ることができないので，1人で練習しても，どうやったらできるようになるのかわからず解決できない，という難しさがあります。

　そこでこの授業では，2人組のペアで互いの運動を見合い，できばえを伝え合うことで，自分の課題を明確にします。また，運動のポイントや個々の課題に応じた段階的な練習方法などの学習資料を準備し，自分が解決したい課題や練習方法を選んで取り組めるようにします。

 ### 授業の課題

　基本的な回転技や倒立技ができるように練習したり，発展技や組み合わせ技に挑戦したりします。ペアの友だちと互いに見合ったり動きを合わせたりして，一緒に上手になりましょう。

授業のねらい

　マット運動の学習の仕方を知り単元全体の見通しをもたせるとともに，基本的な回転技や倒立技を試し，ペアの友だちに見てもらって自分の課題を知ることができるようにする。

 授業展開

❶オリエンテーション―学習のねらいや学習の仕方を知る
　掲示資料や学習カードを使って説明し，学習の見通しをもたせます。用具の準備の仕方やペアやグループでの活動の仕方，資料の使い方も学びます。

T　6年生のマット運動では，2人組のペアで互いの技を見て，できている所や直すといい所を伝え合います。ペアを2つ合わせた4人グループで，用具の準備をしたり練習したりします。
C　グループで活動するんだね。協力してマットの準備をしよう。

❷準備運動―マット運動の基になるいろいろな動きを行う
　マット運動に必要な運動感覚を身につけるために，基になる動きをします。

　友だちの動きを見てできばえを伝える練習として，はじめは教師が運動のポイントを1点ずつ示し，そこに注目させて友だちに伝えさせる。

T　1枚のマットで4人が順番に運動します。ペアで見合いましょう。

6年

【運動①】ゆりかご（順序よく体がマットに接触する感覚）
T 体を丸めて後ろに転がったら，手でマットを押して，1回ずつ立ち上がろう。2人ともできたら，ペアで合わせてやってみよう。
C 立つときは，かかとをお尻に引きつけるといい。

【運動②】かえるの足打ち（腕で体重を支え，逆さでバランスを取る感覚）
T 頭を起こし，腕に力を入れて体を支えます。足を何回打てるか数えましょう。足の裏で着地できるように，回数は無理をしません。
C 膝から落ちないように，足を引きつけよう。

❸技調べ―基本の技を知り，1つずつ試してペアに見てもらう

　基本的な技の行い方や運動のポイントを知り，自分の技を友だちに見てもらいます。技の見方やできばえの伝え方，段階的な練習方法などを学びます。

T　6年生のマット運動で取り組む技の説明をします。

　学習カードに以下の欄を設け，順番に取り組みます（点線の下は発展技）。

取り組みたい技の□に✓を，技ができたら（　）に○を記入しよう。			
前転の仲間	後転の仲間	倒立回転の仲間	倒立の仲間
□大きな前転　（　） □開脚前転　（　） ------- □跳び前転　（　）	□後転　　　　（　） □開脚後転　（　） ------- □しんしつ後転（　）	□うで立て　　（　） 　横とびこし ------- □側方倒立回転（　）	□頭倒立　　（　） □かべ倒立　（　） ------- □補助倒立　（　）

C　やったことがない技がある。「大きな前転」ってどういう前転なの？

教師や子どもの技を見せるときは,「普通の前転と大きな前転」など2つの動きを示し,「どこが違うか」を比較してポイントをつかませる。

C 「大きな前転」は,回転の前半で腰を開いて足を伸ばしているね。
C でも立ち上がるときは「ゆりかご」のようにかかとを引きつけているよ。
T ではペアで,「回転前半の膝」と「立つときのかかと」を見てみましょう。

友だちの技の見方（どこで見るか,言葉でどのようなやり取りをするか）を具体的に指導する。

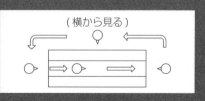

C いくよ。（技を行う）立てなかったな…。どうだった？
C 膝は伸びていたよ。でも,かかとがお尻と離れていたよ。
C わかった。私の課題は「立つときに,かかとをお尻に引きつける」にしよう。

技調べが終わったら,学習カードに「今日発見したポイント」や「次時に取り組む技と動きの課題」「自分の学び方の振り返り」等を記入します。

（永瀬　功二）

6年

ソフトボールが好きなのはだれかな？

  授業の概要

　授業開きはもちろん，年間を通した帯活動として取り組むことができるネタです。繰り返し行うことで，英語表現に慣れ親しむことができるし，子どもに質問させることでやりとりを行うこともできます。

　準備として，事前に子どもに簡単なアンケートを取ります。何のために使うかの詳細は説明せず，「英語の授業で使うよ」とだけ伝えておきます。

　授業では，書かれたアンケートをシャッフルして1枚を選び，英語で読みます。「だれのことか考える」という目的があるので，子どもは一生懸命耳を傾けます。知らない単語が出てきても，"Hint, please."と言って答えを知ろうとします。そして，それがだれのことか考えさせます。3人ほど名前をあげさせた後，その他を加えて4択の中から自分が答えだと思う人に挙手させます。その後，正解を発表します。その他の場合は，同じことを繰り返します。選ばれた1人を起立させ，アンケート通りの自己紹介を行わせます。

　英語を聞く力とともに，好きなものを発表する力もつけることができます。

  授業の課題

　だれのことかを考えながら英語を聞こう。

授業のねらい

子どもになりきった教師の自己紹介を聞き取ることとともに，英語を使って自分が好きなものを紹介することができるようにする。

授業展開

❶アンケートに答える

　事前の準備として，右のようなアンケートを子どもに配布します。記入については，文字でも絵でもよいことにします。絵の場合は，それが何かわかるように言葉もつけさせておきます。

T　今からアンケートを配るので答えてください。英語の時間に使います。字でも絵でも構いません。
C　英語で書いてもいいんですか？
T　書きたい人はいいですよ。

好きな物　自己紹介カード

年　組　名前（　　　　　　　）

（色）
I like

（食べ物）
I like

（動物）
I like

（何でもいい）
I like

★絵をかいたり，日本語で書いたりしていいよ。

6年

❷教師の話す自己紹介を聞く

　帯活動として毎時間，またはモジュールとして取り入れることが効果的です。

　4つの項目を一息で読むのではなく，1つずつ確認しながら読み，全員が参加できるようにします。

　クラスのだれかが正解なので，子どもたちはお互いの顔を見合いながら口々に予想をつぶやきます。自分が正解だと気づいたときには，演技をしてわからないふりをするように伝えておきます。

T　Let's start "Who am I? Quiz"! First...about color. I like black.

C　Black？　男子かな？

C　いや，女子でも黒を好きな子はいるよ。

T　Next...about food. I like pizza.

C　Pizza? あっ，ヒロトじゃない？

C　そうかも。でも，リカも Pizza が好きって言ってた気がする。

T　ヒロト？　リカ？　Next...about animal. I like leopards.

C　Leopardsって何だ？　Hint, please.

T　Leopards? Cat family, Yellow body. Black dots, black dots...

C　ヒョウ？

T　Yes. That's right! Last hint. I like softball. Who am I?

C　ヒロト？　リカ？　サクラ？

T　The correct answer is … ヒロト！　ヒロト, stand up please.
　　Please introduce yourself.

C　I like black. I like pizza. I like ...

T　Leopards.

C　I like leopards. I like softball. Thank you.

T　Big hands please!

❸自分から質問をする

Who am I? Quiz を何度かすると子どもも流れがわかります。そのころには，子どもに質問をさせることもできます。帯活動で毎回質問ができると，英語でのやりとりが自然になってきます。

T Let's start "Who am I? Quiz"! Please ask me some questions.
C What animal do you like?
T Animal? I like ... Big and black animal.
C Do you like bears?
T No, I don't.
C Do you like whales?
T Yes. I like whales.
C What color do you like?
T I like orange.

POINT

一方的に話すのではなく，1つのセンテンスごとに子どもとやりとりをしながら進めることで英語が苦手な子も参加できるようにする。

T The correct answer is..., sorry, we don't have it. I will give you a hint. I am a boy.

POINT

子どもから答えが出なかった場合は，「男子 or 女子」「クラスの右半分 or 左半分」といったヒントを出し，やりとりの中で意味のある英語を聞かせるとともに，意欲を継続させるようにする。

（江尻　寛正）

外国語

6年

班対抗で「他己紹介」クイズをしよう！

 授業の概要

　友だちとのかかわりを楽しみながら，ヒントに出される「自己紹介に関する英語表現」を一生懸命「聞こう」とする態度が生まれるゲームです。

　教師は事前に子どもたちから「好きなスポーツ，教科，動物，食べ物，行きたい国，誕生日やニックネーム」等についてのアンケートを取ります。

　4人グループをつくらせ，教師はアンケートの中から1人選び，その内容について英語で4つ紹介します。子どもたちは，教師のその子に関する「自己紹介の英語」を聞き取りながら，誰の自己紹介なのか相談します。

　班全員の答えが一致した時点で，"Final answer!" と同時に叫び，ワークシートに答えを書き込みます（答えは変更不可。ワークシートは「授業展開」参照）。教師のヒントが終わったら全員で "Who is this person?" と教師に質問し，答えの名前を聞きます。同様に数名の自己紹介のクイズに取り組み，最後に各班で合計得点を発表し，1位の班を決めます。

 授業の課題

I'm going to introduce our friends. Listen to my English carefully and guess who with your friends.（先生がクラスの友だちを紹介します。先生の英語をよく聞いて，だれのことか友だちと一緒に考えましょう）

授業のねらい

　4人グループで積極的にコミュニケーションを図りながら、教師の「他己紹介」の英語をよく聞いてクイズに答えることで、「自己紹介に関する英語表現」に自然と慣れ親しむことができるようにする。

 授業展開

❶活動のルールを理解する

　ワークシートをパワーポイント等で提示しながら、子どもたちにゲームのルールを理解させます。

T　These are your introduction sheets. I'm going to introduce our friends in English. Can you guess who?
　（子どもたちから事前に回収したアンケート用紙を提示する）
C　ぇぇ…, わかるかな？
T　Make a group of four. I'll give you this sheet.
　（班ごとに渡すワークシートをパワーポイントで提示する）
　I'll give you four hints. Listen to my English carefully. If you know the answer by hint 1, draw a circle here and say "Final answer!" but you can't change your answer.

問	答え (正解で10点)	プラスポイント				合計
		ヒント1	ヒント2	ヒント3	ヒント4	
1		㊉+4	+3	+2	+1	
2		+4	+3	+2	+1	

正解すれば10点、早くFinal answerにすれば加点する
少ないヒントで正解すれば点数は高いがリスクが伴う

C　なるほど！

6年 ❷4人班をつくり，「他己紹介クイズ」に取り組む

　4人班をつくらせ，前頁の学習シートを班に1枚ずつ配ります。子どもたちは教師の英語の「他己紹介」を1つずつ聞き，クイズに答えます。

T　Who is this person? Hint 1. I like a koala.
C　コアラが好きなんだから，女子だよね？
C　（まわりを見渡しながら）何だか○○さんの表情が怪しいね。
T　ファイナルアンサーはまだいないね。Hint 2. I want to go to Australia.
C　オーストラリア？　コアラが好きだから？　えぇ，だれだろう？
C　あっ，私わかった！　前に総合の調べ学習で話してた！
　　（班で話し合って）せ〜の，Final answer!!
C　ええっ，だれだ!?
　　（思わず立ち上がって，クラスの女子の表情を見渡す男子。男子に注目される女子も，照れくさそうにしながら，うれしそうな表情を見せる）
T　ファイナルアンサーの班が出ましたね。答えの人物は自分だ，と思った人は，ラッキーだと思って班の人にこっそり伝えていいですからね。
　　Hint 3. I can swim very well, so I want to go to Australia and practice swimming hard.
C　水泳が得意？　ああ，わかった!!（班で話し合って）Final answer!
C　水泳が得意な女子…2人いるぞ。どっち？　賭ける？　よし，Final answer!
T　もうファイナルアンサーいませんか？　Last hint. My birthday is March 6.
C　（教室に掲示された誕生日カレンダーを見ながら）3月6日…あぁやっぱ

選ばれた子どもに自然と注目が集まり拍手が沸き起こる。普段控え目な子も笑顔に

り〇〇さんだった！ さっきファイナルアンサーしておけばよかったぁ…。
C （一斉に）Who is this person?
T This person is 〇〇 san!
C やったぁ!!

❸教師の「他己紹介」を復唱する

　教師は自分が発話した「他己紹介の英語」を，黒板に書き出します。紹介された子どもは前に出て，クラス全体でその子の「自己紹介に関する英語」を，担任に続いて復唱します。

T 〇〇さんの自己紹介を，もう一度みんなで，英語で言ってみましょう。黒板の英文を見てください。I like a koala.
C I like a koala.
T I want to go to Australia.
C I want to go to Australia.（以下，復唱が続く）

❹活動の感想を発表する

　「振り返りシート」に学習感想を書かせ，数名に発表させます。

C この活動を通して，今まで知らなかった友だちの新しい一面を発見できました。どの友だちにも興味をもつことができる，とてもよいクイズだったと思います。やはり「自己紹介」は大切だと思いました。

前向きな振り返りを全体で紹介し，本単元への意欲づけをする。

（尾形　英亮）

6年

物事を多面的・多角的に考えてみよう！

授業の概要

　今回の「道徳科」への改訂で、キーワードの1つになっているのが「多面的・多角的な見方」です。ある事実や出来事を一面からだけ見ると、それは一読すれば答えが見えてしまう退屈な授業になりがちです。そうではなくて、逆の立場で見方を変えて考えることで、思考が活性化し、「おもしろい！」と子どもが実感できる授業になります。

　そこで、最初の時間を道徳学習のオリエンテーションと位置づけて、子どもたちの学習意欲を高めることを目標にした授業を実施してみましょう。

　まず、子どもたちには「道徳は、どんな勉強をする時間なのか」を考えさせます。次に、「ある事実や出来事を多面的・多角的に検討すると思考が活性化すること」を、実感を伴って理解させます。

　そして、授業の終盤には、教科書の中身を読んでみましょう。新しい教科書を手にした子どもたちは、「早く読んでみたい！」と思っています。せっかくいただいた教科書です。感謝して大切に使う気持ちをもたせましょう。

授業の課題

> 事実や出来事を一面からだけでなく、多面的・多角的に見ることの大切さを考えよう。

授業のねらい

事実や出来事を多面的・多角的に見ることの大切さに気づき，1年間一生懸命に道徳を学んでいく意欲をもつことができるようにする。

 授業展開

❶道徳授業の意味を考える

　黒板に【道徳】と漢字で書き，声に出して全員で「どうとく」と読みます。（道は2年生，徳は5年生で学習する漢字です）。

T　道徳って，どんな勉強をする時間なのでしょうか？
C　家族や友だちを大切にする勉強。
C　正しい心や行動について学ぶ時間。
C　人の気持ちとか，動物や自然のことなどを考える時間。
T　私（先生）が考える道徳は…，（黙って板書する）
　【心をどう使うのかを勉強する時間】
　道徳は，週に1時間，1年間で35時間あります。みんなで一生懸命考えて，たくさん意見を出して，楽しい時間にしていきましょう。

❷場面絵を多面的・多角的に見て，考え発表する

　私たちは，それぞれにいろいろな事情を抱えて生活しています。
　次のA→Bを考えてみましょう。
　A　電車の中では，お年寄りに席を譲るべきだ。
　B　だから，席を譲らずに座っている人は，けしからん。

一面だけから見ると，このような論理になります。でも，その日，体調が優れずに席に座っている人もいるかもしれません。また，席を譲られることに不快感を覚える元気なお年寄りもいます。

物事を多面的・多角的に見ると，それまで気づかなかった反対側の事情が見えてきます。例えば，1枚の絵や写真を提示して話し合ってみましょう。

新聞投書にあった実話を基に，筆者が読み物教材をつくり，前田康裕氏の協力を得て作成したイラスト教材です。

なお，教科書の中から道徳的な論点を含んだ場面絵を選び，提示することもできます。

イラスト：前田康裕（熊本大学）

T　この絵を見て，気づいたことを発表しましょう。
C　おばあちゃんがつり革に背伸びをしてつかまっている。だれか席をゆずってくれればいいのに。
C　隣に立っている男の人が「大丈夫かな？」と，心配そうにおばあちゃんを見ている。
C　若い女の人や書類を見ている男の人が席を譲るべきだ。

教師は，子どもの発言を聞きながら，出された意見を板書で整理していきます。最初は，子どもたちから，おばあちゃんへの同情，座っている2人への非難の意見が出されます。

T　どうして，この2人は席を譲らないのかな？
C　自分が座りたいから。特に，男の人は，書類を見て，気づかないふりをしているからずるいと思う。

T 何か，この2人には，席を譲れない理由でもあるのかな？
C もしかしたら，体の調子でも悪いのかも。若いからといって，いつも元気なわけではない。
C 男の人も，仕事で疲れているのかもしれない。夜勤とか，夜遅くまでの残業とか…。

このような意見交流を通じて，席を譲らない人の事情も考えさせます。

子どもが多面的・多角的に考えられる教材や発問を用意する。

　この話（実話）は以下のように続きます。
　隣に立っている男性（私）は，座っている男性に「おばあちゃんに席を譲っていただけますか」と頼んだ。すると，座っていた男性は「これは気づかずに失礼」と，席を譲ってくれた。
　ところが，次の駅でこの男性が下車していく様子を見たとき，この人の足が不自由なことに気づいた。申し訳なく思い謝ると，男性は「私の方こそ早く気づけばよかったのに」と笑顔で下車していった。
　この時間は，1つの内容項目を扱った授業ではなく，道徳学習のオリエンテーションです。このような話し合いを通じて，「事実や出来事は，一面からだけではなく多面的・多角的に見ることが大切だ」ということを，実感として理解させていきます。

❸新しい教科書を読む
　入学6年目にして，はじめて手にする道徳の教科書です。毎時間，教科書教材だけを使って授業をするわけではありませんが，主たる教材として全国の教室で使用される教科書です。最後は，感謝の気持ちでていねいに教科書のページをめくる時間を10分間ほど取りましょう。

（佐藤　幸司）

登場人物の心情を俳句や短歌で表現しよう！

ねらい
物語の言葉に着目し，登場人物の心情を俳句や短歌で表現することで，読み取ったことや解釈の表現の幅を広げる。

 ネタの概要

> 物語の心に残る場面の，心に残る言葉を使って，登場人物の心情を五・七・五や五・七・五・七・七で表現しよう。

　登場人物の心情を俳句や短歌で表現します。物語全体の読みのまとめや場面ごとの読みのまとめとして有効です。
　まず，心に残った場面を１つ選びます。その中でも，特に心に残った言葉に赤線を引きます。文章ではなく，単語に線を引くことがポイントです。
　次に，見つけた言葉の中から３つの言葉を選びます。その３つの言葉を使いながら，中心人物の心情や情景を俳句や短歌の形にまとめます。
　１つできたら，グループやペアで推敲をし，言葉の順番を入れ替えたり，違う言葉に書き換えたりすることで，よりよい作品に仕上げます。
　時間があれば，色鉛筆で背景に場面の様子（絵）をかいて完成です。

（河合　啓志）

●文章ではなく，言葉を探させるべし！

設定場面と結末場面の人々の変わらない様子を俳句で表現(世界で一番やかましい音)

太一がクエをとらなかった理由を俳句で表現(海の命)

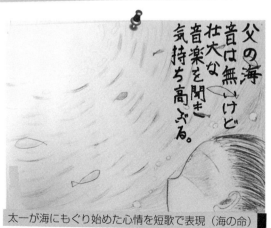

太一が海にもぐり始めた心情を短歌で表現(海の命)

 国 語

俳句コンクールの審査員をしよう！

ねらい
俳句コンクールの審査員を体験することで，おもしろいと感じる俳句の工夫や条件を考えることができるようにする。

ネタの概要

6つの俳句作品から，特選1句，金賞2句，銀賞3句を決めて，その理由を解説しよう。

まずは，教科書や俳句コンクールの入選作品などから6句を選んで子どもに提示し，範読と音読をします。

次に，上の課題を提示し，1人で審査を行います。その際に，例えば「気持ちの表し方が工夫されている」のように，本時の学習で留意したい点を選考の規準として伝えます。その後，グループでの話し合いを行います。そのときの約束事として，ジャンケンや，理由を交流しない多数決などで決めないこと，この後に発表するために理由を添えること，の2点を伝えます。

最後に，各班の審査結果と理由を聞き，学習全体を振り返って，出会ったおもしろい俳句の工夫や条件をノートに書き，その後の学習に生かします。

（菊地　南央）

●選考の規準をあらかじめ決めておき，事前に提示すべし！

まずは1人で審査を行います

グループで意見を出し合い，入賞作品を決めます

班ごとに審査結果とその理由を発表します

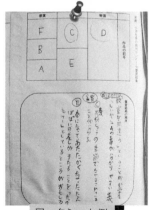
ワークシート例

算 数

ぶたさんは何匹いるでしょう？

ねらい

帰納的に数の求め方を見つけ出すとともに，友だちにそのきまりについて説明する力を育てる。

ネタの概要

右のようにピラミッド状に並んでいるぶたさんが何匹いるのか数えてみよう。

　ICTを活用して，ぶたさんをフラッシュ的に提示します。少しずつぶたさんの数を増やしていくと，子どもたちはノートに数を整理していくようになり，増え方のきまりに気づき始めます。そこで，一部を隠したブタさんピラミッドを提示します。きまりの存在に気づき始めた子どもたちから，どんな情報がほしいのか引き出し，その情報がほしいわけを交流します。

　最上段の数と最下段の数をたし，段数をかけて2でわると，数が求められます。最上段が1でない場合（ピラミッド状ではなく，台形状に並んでいる場合）にも適用できることに気づく子がいたら，大いにほめましょう。

（千々岩芳朗）

●きまりを見つける楽しさを学級全員に味わわせるべし！

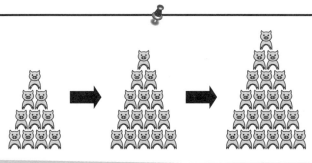
4段では10匹，5段では15匹，6段では21匹…何かきまりがあるのかな？

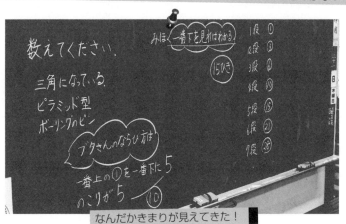
なんだかきまりが見えてきた！

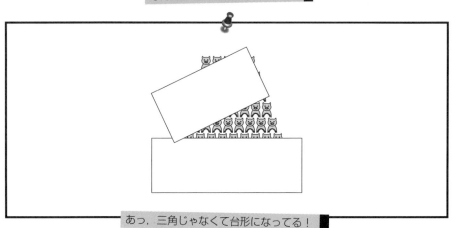
あっ，三角じゃなくて台形になってる！

第2章
必ず盛り上がる！
はじめての授業参観ネタ

 算 数

6年

友だちが紹介する
問題にチャレンジしよう！

ねらい
前に解いておもしろかった問題を紹介し，その楽しさを共有することを通して，別の解き方を考えたり問題を発展させたりする力を伸ばす。

ネタの概要

$\frac{1}{7}$ は小数に直すことができます。その小数第100位の数字はいくつでしょうか。
（Rさんがつくった問題）

　自分が以前解いておもしろかった問題を，ワークシートに書いて提出してもらいます。表には問題，裏にはその答えや考え方，出典を書かせます。そして，それらの中から，別解があったり発展させられたりする問題を参観授業で扱うと，「なるほど！」「別解を見つけたけど…」など，保護者からもつぶやきが聞こえてきます。黒板に「○○さんからの問題」などとして提示すると，紹介された子は喜び，他の子の意欲も高まります（ワークシートを直接実物投影器で映してもよい）。最後に，「おもしろかった人？」と尋ねて挙手させると，その反応が紹介された子のさらなる励みにつながります。

（種市　芳丈）

●別解があったり発展させられたりする問題を取り上げるべし！

答え 8

考え方

$\frac{1}{7}$は小数に直すと、$\frac{1}{7}=0.142857142857…$となる。142857の6けたがくり返されているから、100÷6=16あまり4。16回142857がくり返されたのと4つ目だから4番目の8になる。

Rさんがつくった問題の答えと考え方

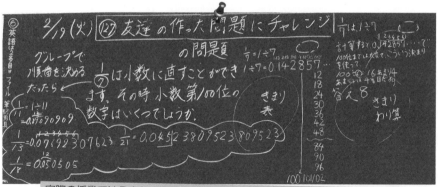

実際の授業ではRさんの問題を発展させ、1/11や1/13などを扱いました

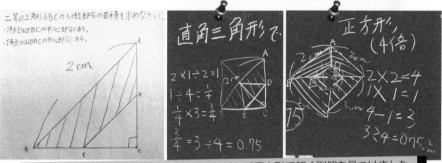

Yさんの問題は直角三角形で解くほか、友だちが正方形で解く別解を見つけました

理科

6年

楽しんで，問題解決の流れを身につけよう！

ねらい
「数字あてゲーム」を体験しながら，問題解決の力を身につけさせる。

ネタの概要

> ヒントを手がかりに相手の考えている３桁の数字を当て，問題解決の流れを知ろう。

　上の問題を提示し，まずはルールを確認するために教師と子ども全員で数字あてゲームをします。ルールを学んだあと，４人２組で活動させます。

　最後に，問題解決学習の流れとのかかわりについて説明します。相手の数が何かを予想する活動が「予想」です。根拠をもとに予想したことを思い出させます。相手に予想した数字を伝えることが「観察・実験」です。実験をして相手から返ってきたヒントが「結果」です。その結果から相手の数字を考え直すことが「考察」にあたります。

　以上の説明を学習のまとめにします。理科における問題解決を楽しみながら１年間学んでいきましょうと締めくくります。

（古卿　聡）

●授業の最後に学びと結びつけるべし！

①先攻・後攻に分かれ，後攻は3けたの数字を決めます。
②先攻は後攻の決めた数字を予想し，伝えます。
③数字と場所が一致するとH（ヒット）です。
④数字はあっているが場所が違う場合B（ブロー）です。
⑤「○H○B」というようにヒントが返ってくるので分かることを考えます。

ワークシートを使って，上記のルールを確認して活動します

主体的・対話的に学習が進みます

最終板書

 社 会

広告チラシを基に食料生産に目を向けよう！

ねらい
自分たちが食べている食料は，どこから来ているか調べるために，広告のチラシや食品のラベルなどに目を向け，調べる意欲をもたせる。

 ネタの概要

食品の広告チラシやラベルに記載されている産地を，都道府県の地図に貼りつける活動を行おう。

社会科の学習につながる学習材が，身近にたくさんあることを保護者に知っていただき，今後の授業でも協力いただくためにも，授業参観は絶好のチャンスです。食品についているラベルやパッケージに目を向けさせ，調べた産地を学級に掲示してある都道府県の白地図に貼っていけば，自分たちが食べているものがどこからくるのか調べることができます。外国産のものもあるので，世界に目を向けさせることもできます。給食の献立表や給食のパッケージを基にすると，共通の体験にもなります。教科書によっては，「食料生産」単元にも同じような学習活動がありますが，4年生で学習した都道府県名の学習の復習にもなり効果的です。

（藤本　浩行）

●社会科学習のお宝満載である食品のラベル表示やチラシ広告を使うべし！

食品のチラシ広告や段ボールの産地に目を向けさせます

みんなで持ち寄ったものを大判用紙に貼り付けます

邪馬台国を探そう！

 ねらい

歴史のロマンを感じさせるとともに、保護者とともに追究する楽しさを体感させる。

ネタの概要

「魏志倭人伝」書き下し文を読み進めて、邪馬台国の場所をつきとめよう。

資料を配布し、保護者とともに活動を行うように促します。行路を計算したり、矢印で示したりして、邪馬台国に到達するように説明します。作業を進めていくと、正しいのかどうか不安になったり、友だちはどのように書いているのかが気になったりする様子を示すでしょう。主体的に取り組んでいる証拠です。そこで教師が「近くの人と相談してもいいよ」と促します。子どもだけでなく保護者も巻き込んだ対話が生まれます。

異なった結果となった地図を提示して意見を引き出します。「教科書に書いてあるのと違う」「邪馬台国なんて本当にあったの？」というつぶやきを拾い、歴史は決まったものではないということを体感させたいところです。

（楠本　輝之）

●多くの対話を生み出すために、自力で考える活動を大切にするべし！

邪馬台国を探せ！　資料（「魏志倭人伝」書き下し文）

倭人は帯方郡の東南の大海の中にあり、山の多い島から国をなしている。漢の時代に朝見してきたものもある。現在、魏と通じているのは三十カ国である。

帯方郡から倭に至るには、海岸にしたがって水行し、韓国をへてあるいは南し、あるいは東し、その北岸、狗邪韓国に至ること七千余里。

はじめて一海を渡ること千余里にして対馬国に至る。　…①

また南して、一海を渡ること千余里、一支国に至る。　…②

また一海を渡ること千余里、末慮国に至る。　…③

東南陸行すること五百里にして、伊都国に至る。　…④

東南奴国に至ること百里。　…⑤

東行不弥国に至ること百里。　…⑥

南して投馬国に至る。水行二十日。　…⑦

南、邪馬台国に至る。女王の都する所。水行十日陸行一月。　…★

帯方郡から女王国に至るのに一万二千余里ある。

邪馬台国探しのための資料

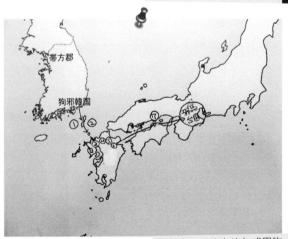

話し合ってまとめた成果物

あなたの好きな食べ物はすいかですよね！

 ねらい

相手の好きなものを考えながらかかわる場面をつくり，"I like ○○."という英語で自己表現できる力を伸ばす。

ネタの概要

相手が持っている3つのカードが何かを英語でたずね，相手が一番好きな食べ物を当てましょう。

　事前に，3枚の紙に好きな食べ物を書かせておきます。言葉でも絵でも構いません。できるだけ英語で言えるように，例えば「すいか」と書いている子がいれば「Watermelonsって言うんだよ」と教師がサポートします。

　授業では，ババ抜きのようにカードを持ち，"What's this?"と相手のカードを指して尋ね，"It's a watermelon. I like watermelons."とやりとりをします。そして，相手が一番好きな食べ物を予想し，"You like watermelons the best."と言い，当たればハイタッチ等で喜び，外れた場合はもう1回チャレンジできるようにします。友だちと行えばお互いを知り合う楽しさ，親子で行えば意外な発見があり，「すべらない最初の参観日」になります。

（江尻　寛正）

●十分に時間を取り，できるだけ多くの人とかかわることを楽しむべし！

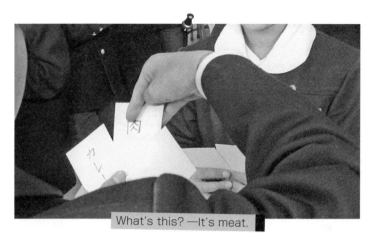
What's this? —It's meat.

You like watermelons the best!!

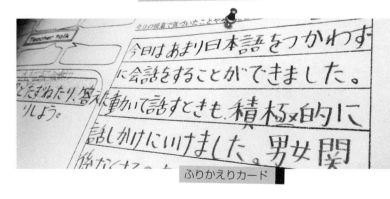
ふりかえりカード

外国語

6年

お互いのよいところを英語でほめ合おう！

ねらい

「友だちのよいところ」を英語で伝え合わせることで，「自己肯定感の向上」と「よりよい人間関係づくり」につなげる。

ネタの概要

> よいところを伝え合って，オリジナル "I LIKE ME!" をつくろう！

前時に，4人グループをつくらせ，自分以外の3人の友だちの「よいところ」とそれを証明する「具体的なエピソード」を1つずつ考えさせ，"You can〜." や "You are〜." の表現を使って個々のシートに書かせます。

授業の導入では，"I LIKE ME"（Nancy Carlson, Puffin）"を読み聞かせた後，「オリジナル "I LIKE ME!" の絵本をつくるために，「お互いのよいところを英語で伝え合おう」と課題を示します。

4人グループをつくらせ，お互いにシートを交換させます。事前に個々のシートに書き込んだその友だちのよいところを，再度相手のシートに書かせ，伝え合わせます。最後に，数名の子どもに "I can〜." や "I'm〜." 等の英語表現で自分のよいところを紹介させ，次時に「絵本づくり」をします。

（尾形　英亮）

POINT

● 「自己紹介」の単元を，「よりよい人間関係づくり」につなげるべし！

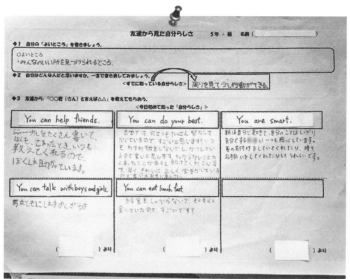

具体的なエピソードも日本語で書かせると、説得力が増します

よいところを付箋に書き、伝え合います

シートを基に絵本を作成します

第2章 必ず盛り上がる! はじめての授業参観ネタ

141

【執筆者一覧】（執筆順）

田中　博史（筑波大学附属小学校）

小林　康宏（長野県佐久市立岩村田小学校）

山本　真司（南山大学附属小学校）

高瀬　大輔（福岡県川崎町立川崎小学校）

種市　芳丈（青森県三戸町立三戸小学校）

宮内　主斗（茨城県公立小学校）

佐藤　正寿（岩手県奥州市立水沢小学校）

長谷　博文（鳥取市立宝木小学校）

裏谷　順子（立命館小学校）

笠　雷太（筑波大学附属小学校）

佐藤　翔（千葉大学教育学部附属小学校）

永瀬　功二（東京都稲城市立稲城第三小学校）

江尻　寛正（元岡山県公立小学校）

尾形　英亮（宮城県仙台市立南光台東小学校）

佐藤　幸司（山形県朝日町立宮宿小学校）

弥延　浩史（青森県藤崎町立藤崎小学校）

井上　幸信（新潟市立万代長嶺小学校）

千々岩芳朗（福岡県赤村立赤小学校）

岩本　充弘（広島県呉市立仁方小学校）

河合　啓志（大阪府池田市教育委員会）

菊地　南央（福島県二本松市立新殿小学校）

古卿　聡（埼玉県草加市立草加小学校）

藤本　浩行（山口県周南市立秋月小学校）

楠本　輝之（愛知県みよし市立中部小学校）

【編者紹介】
『授業力&学級経営力』編集部
（じゅぎょうりょく&がっきゅうけいえいりょくへんしゅうぶ）

月刊『授業力&学級経営力』　毎月12日発売

教育雑誌を読むなら
定期購読が、こんなにお得

 年間購読料が2か月分無料
月刊誌の年間購読（12冊）を10か月分の料金でお届けします。
※増刊号・季刊誌・臨時増刊号は対象外です。

 雑誌のデータ版を無料閲覧
紙版発売の1か月後に購読雑誌のデータ版を閲覧いただけます。
※定期購読契約いただいた号よりご利用いただけます。

スタートダッシュ大成功！
小学校　全教科の授業開き大事典　高学年

2018年3月初版第1刷刊　©編　者	『授業力&学級経営力』編集部
発行者	藤　原　光　政
発行所	明治図書出版株式会社
	http://www.meijitosho.co.jp
	（企画）矢口郁雄　（校正）宮森由紀子
	〒114-0023　東京都北区滝野川7-46-1
	振替00160-5-151318　電話03(5907)6701
	ご注文窓口　電話03(5907)6668
＊検印省略	組版所　藤原印刷株式会社

本書の無断コピーは、著作権・出版権にふれます。ご注意ください。

Printed in Japan　　ISBN978-4-18-294319-5
もれなくクーポンがもらえる！読者アンケートはこちらから →

小学校学年別

365日の学級経営・授業づくり大事典

6巻シリーズ

釻持 勉 監修

1年・1801　4年・1804
2年・1802　5年・1805
3年・1803　6年・1806

B5判・各2,800円+税

必ず成功する！

1章　学級開きのポイント
2章　授業開きのポイント
3章　月別学級経営のポイント
4章　教科別学習指導のポイント

小学校学級担任の仕事のすべてが分かる！

学級開きから修了式まで、学級経営に関する全仕事を網羅しました。また、授業開きのポイントや各教科のおすすめ授業など、授業づくりのアイデアも盛りだくさん！巻末にはコピーしてすぐ使えるテンプレート教材集も収録。365日手放せない1冊です！

明治図書　携帯・スマートフォンからは　**明治図書ONLINEへ**　書籍の検索、注文ができます。
http://www.meijitosho.co.jp　＊併記4桁の図書番号（英数字）でHP、携帯での検索・注文が簡単に行えます。
〒114-0023　東京都北区滝野川7-46-1　ご注文窓口　TEL 03-5907-6668　FAX 050-3156-2790